TACITUS
GERMANIA

TACITUS

GERMANIA

ZWEISPRACHIGE AUSGABE
LATEINISCH – DEUTSCH

Übertragen und erläutert von
Arno Mauersberger

ANACONDA

Dieses Werk erschien erstmals als Band 100 der Sammlung Dieterich
unter dem Titel:
Germania. Zweisprachig. Übertragen und erläutert von Arno Mauersberger.
Leipzig: Dieterich'sche Verlagsbuchhandlung 1942

Die Deutsche Bibliothek verzeichnet diese Publikation in der
Deutschen Nationalbibliographie; detaillierte bibliographische Daten
sind im Internet unter http://dnb.ddb.de abrufbar.

Lizenzausgabe mit freundlicher Genehmigung

Umschlagmotiv: Christian Köhler, »Erwachende Germania«, 1849,
© akg-images, Berlin
Umschlaggestaltung: Dagmar Herrmann, Köln
Satz und Layout: Roland Poferl Print-Design, Köln
Printed in Czech Republic 2006
ISBN 3-938484-88-8
info@anaconda-verlag.de

INHALT

EINLEITUNG
TACITUS UND SEINE »GERMANIA«

Publius Cornelius Tacitus wurde im Jahre 55 oder 56 u. Z. vermutlich als Sohn eines römischen Ritters, eines Angehörigen des ursprünglich zweiten Standes, in Rom geboren. Nach sorgfältiger Unterweisung in den Grundlagen der Bildung schloß er sich hervorragenden Rednern an, wie es seit je die Römer getan hatten, die einer politischen Tätigkeit zustrebten. Nach verhältnismäßig kurzer Zeit war er selbst ein gefeierter Redner; wenn man von dem berühmten Quintilian absieht, dessen Unterricht er wahrscheinlich auch genossen hat, verblassen die Namen seiner Lehrer bald neben seinem eigenen aufstrebenden Talent. Im Jahre 77, unter dem Kaiser Vespasian (69–79), verlobte er sich mit der Tochter des »nachgewählten Konsuls«, consul suffectus, Julius Agricola; die Ehe, die kinderlos blieb, wurde noch im selben Jahre geschlossen, ehe Agricola als Statthalter nach Britannien ging. Bald wurde Tacitus durch kaiserliches Vertrauen in hohe Staatsämter berufen. 78 war er tribunus militum, Stabsoffizier einer Legion, unter dem Kaiser Titus (79–81) wahrscheinlich als Quästor hoher Verwaltungsbeamter, unter Domitian (81–96) in ähnlicher Funktion Tribun oder Ädil, 88 als Prätor einer der höchsten Justizbeamten und Mitglied eines Priesterkollegiums. Von 90 an war er für einige Zeit als prätorischer Legionslegat, das heißt als hoher Offizier, in Provinzen tätig. Nach dem Tode seines Schwiegervaters (93) kehrte Tacitus nach Rom zuruck; Agricola hatte, im Jahre 82 oder 83 von Domitian seines Postens enthoben, in Angst vor kaiserlicher Ungnade völlig zurückgezogen in Rom gelebt. Nach der Ermordung Domitians war Tacitus unter dem Kaiser Nerva (96–98) im Jahre 97 Konsul. Unter Trajan (98–117) führte er im Jahre 100 mit dem jüngeren Plinius zusammen eine Anklage und war als Prokonsul, Provinzverwalter, von Kleinasien einer der angesehensten Männer Roms. Den Regierungsantritt Hadrians (117–138) hat er offenbar noch erlebt; gestorben dürfte er vor 120 sein.

Das literarische Werk des Tacitus umfaßt die sogenannten kleinen Schriften und zwei große historische Arbeiten. Zu den kleinen Schriften gehört außer der »Germania« die dem verstorbenen Schwiegervater gewidmete Abhandlung »De vita et moribus Iulii Agricolae liber« (»Über das Leben und den Charakter Julius Agricolas«). Diese im Jahre 98 verfaßte Biographie erzählt zunächst in knapper Darstellung das Leben Agricolas bis zu seiner Ernennung zum Statthalter von Britannien. In den folgenden acht Kapiteln gibt Tacitus eine geographische Beschreibung Britanniens. Der Hauptteil der Schrift handelt von den Ereignissen bis zur Abberufung. Den Schluß bildet der Bericht vom Tode des Schwiegervaters mit einer kurzen Schilderung seines Charakters und mit einer Würdigung. Die im selben Jahre erschienene »Germania« ist eine ethnographische Monographie, die in 27 Kapiteln allgemein über die Germanen und anschließend über die einzelnen Stämme berichtet. Die dritte kleine Schrift trägt den Titel »Dialogus de oratoribus« (»Dialog über die Redner«). Sie erörtert die Frage, weshalb die Beredsamkeit seit Beginn der Kaiserherrschaft verfallen ist. Gesprächspartner des Dialogs sind unter anderen die Lehrer des Tacitus Marcus Aper und Julius Secundus. Die Schrift dürfte nach Friedrich Klingner in das erste Jahrzehnt des neuen Jahrhunderts fallen. Die geschichtlichen Werke tragen die Titel »Historiae« und »Ab excessu divi Augusti« (»Seit dem Hingang des göttlichen Augustus«), meist »Annales« genannt. Die zunächst erschienenen »Historien« schildern die Zeit, die Tacitus selbst durchlebt hatte, das heißt die Jahre 69–96; in den »Annalen« behandelt er die Jahre 14–68, so daß die »Historien« dort einsetzten, wo die »Annalen« schlossen.

Tacitus begann somit seine schriftstellerische Tätigkeit erst nach dem Tode des Kaisers Domitian, also zu Beginn seines vierten Lebensjahrzehnts. Nach seinen eigenen Worten war mit dem Regierungsantritt dieses Kaisers die Zeit dahin, wo man denken konnte, was man wollte, und aussprechen, was man dachte. Die Stimme des römischen Volkes, die Freiheit des Senates, das sittliche Bewußtsein des Menschengeschlechtes, jedes höhere Leben ist nach Tacitus unter Domitian unterdrückt worden. Dieses Domitian-Erlebnis hat sich in Zeiträume der Vergangenheit ausgebreitet, die Tacitus nur in mittelbarer Erinnerung erreichbar waren.

Entstanden war das römische Kaisertum aus dem Bestreben der herrschenden Klasse heraus, die Gefahren von Sozialkämpfen und Sklavenaufständen zu bannen und die bestehenden Gesellschaftsverhältnisse aufrechtzuerhalten. Begründet hatte es Augustus 27 v. u. Z. in der Form des Prinzipats: er vereinigte als princeps civium, als »erster der Bürger«, den militärischen Oberbefehl, den er als Prokonsul über die entscheidenden Provinzen Spanien, Gallien und Syrien besaß (imperium proconsulare) mit dem wichtigsten Amt der Volksvertretung, dem des Volkstribuns (tribunus plebis), durch das er die Volksversammlung einberufen und Gesetze beschließen konnte, und mit dem höchsten Priesteramt (pontifex maximus) in seiner Hand; er ließ jedoch daneben die Einrichtungen und Ämter der römischen Republik, so den Senat, der Form nach weiterbestehen. Nach Tacitus hatte schon Augustus seine Zeit zu einem Stück Knechtschaft gemacht: er zog die Befugnisse des Senates, der Beamten und der Gesetzgebung an sich, und keiner leistete ihm dabei Widerstand, da die Trotzköpfe im Felde oder durch Proskription gefallen waren, was an Adel übrig war, an materiellen Gütern und Ehren gefördert wurde, je geneigter es sich der Knechtschaft zeigte. Wie er Augustus die »Knechtschaft« nicht verzeihen konnte, so haßt Tacitus in Tiberius und Domitian die Unterdrücker und übersieht dabei ihre großen Verwaltungsleistungen. Unter Domitian gab es nach ihm nur Schweigen, das tief brennt, erst bei Nerva und Trajan wieder Gedanken- und Redefreiheit.

An die Abschaffung dieses Prinzipats hat Tacitus trotzdem nicht gedacht, obwohl ihm die von dem patrizischen Senat gelenkte Republik als die vollkommenste Staatsform und die »virtus«, die aktive Tüchtigkeit des Mannes im altrömischen Sinne, als die erwünschte und allein würdige Rolle des Bürgers im Staate erscheint. Aber nach der Errichtung des Prinzipats ist für ihn die Republik nicht wiederherzustellen; man könne nur wünschen, daß der unvermeidliche Princeps seiner Aufgabe gewachsen ist. Daß es auch unter einem schlechten Princeps möglich ist, für die Res publica zu wirken, zeigen die hohen Ämter, die Tacitus unter Domitian bekleidete.

Es empfiehlt sich, hier einen kurzen Blick auf die allgemeinen politischen Verhältnisse der Zeit zu werfen.

Das römische Kaisertum hatte nach einem Jahrhundert der Bürgerkriege den Frieden gebracht. Von der Schlacht bei Aktium (31 v. u. Z.) bis zum Jahre 68 u. Z. herrschte, von mehreren Aufständen in verschiedenen Provinzen abgesehen, innerer Friede, und auf die kurze Unterbrechung der Ruhe im Vierkaiserjahre 68 folgten weitere Jahre ohne Bürgerkrieg.

Der innere Friede schloß freilich außenpolitische Be-

drohung nicht aus. Das Imperium Romanum der Kaiserzeit war keineswegs so ungefährdet, obwohl Augustus in der Erkenntnis, das Reich hätte im wesentlichen seine angemessenen Grenzen gefunden, vor seinem Tode die Anweisung gab, die Reichsgrenzen nicht weiter hinauszuschieben, sondern das Erworbene zu wahren.
Gewiß gab die Lage im Westen und Süden des Imperiums zu keiner ernsthaften Beunruhigung Anlaß; dagegen waren und blieben der Norden und Osten ausgesprochene Gefahrenzonen. Zur Sicherung im Norden hatte Augustus versucht, durch einen gleichzeitigen Angriff von Westen und Süden die Elbe zu erreichen und hier die neue Grenze gegen Germanien zu errichten. Wie ihm, so mißlang dieser Versuch auch dem Neffen des Tiberius, Germanicus, und Tiberius selbst ist auf den Rhein als Grenze zurückgegangen; nur an der Mündung des Stromes reichte das römische Gebiet weiter und schloß die Bataver und Friesen an der Nordseeküste mit ein. Dagegen gelang es Domitian, den bedeutenden Vorstoß in Obergermanien einzuleiten, der das spätere Baden, Teile von Hessen, Württemberg und Bayern in das Imperium einbezog. Das Bollwerk des germanischen Limes hat bis zu den Stürmen des 3. Jahrhunderts gehalten.
Waren die Verhältnisse am Rhein und an der oberen Donau in den beiden ersten Jahrhunderten verhältnismäßig friedlich und stabil, so ging es an der unteren und

mittleren Donau um so unruhiger zu. Schon zur Zeit Cäsars und Augustus' bereiteten hier die in Niederungarn, Rumänien und Siebenbürgen ansässigen Daker durch Einfälle in römisches Gebiet ernstliche Schwierigkeiten. Domitian mußte sich im Friedensschluß mit dem Dakerkönig Decebalus im Jahre 86 auf Tributzahlungen einlassen.

Und wie stand es um die innere Entwicklung des Reiches? Volk und Senat von Rom, die ursprünglichen Inhaber der Souveränität, haben zu Beginn der Kaiserzeit noch einige Bedeutung. Aber bereits Tiberius (14–37) nimmt dem Volk das Recht, die Beamten zu wählen, und überträgt es dem Senat. Das ist jedoch nur scheinbar ein Machtzuwachs für diesen; in Wahrheit wird der Senat immer mehr in den Hintergrund gedrängt. Seine Macht im Staate geht nun auf den Kaiser und das von diesem geschaffene Beamtentum über. Ursprünglich nur ein Magistrat, eine Amtsperson des römischen Volkes, entwickelt sich der Kaiser nach und nach zum »dominus ac deus«, zum Herrn und Gott. Domitian erhob als erster Anspruch auf diesen Titel, und wenn sich auch die Nachfolger nicht von seinem Beispiel leiten ließen, so ist damit die Entwicklung doch nicht verändert, nur verzögert worden.

Die Stützen des Kaisertums sind das Militär und die Beamtenschaft. Die Beamten kommen aus dem zweiten Stand, dem der Ritter, und entwickeln sich immer mehr zu den Trägern der Organisation des Weltreiches. Allmählich gehen auch die letzten Reste der städtischen Selbstverwaltung verloren; schon unter Nerva und Trajan begegnen wir staatlichen Regierungskommissionen, die der munizipalen Selbstverwaltung ein Ende machen.

Wie war es nun um die wirtschaftliche Kraft des Reiches bestellt, dessen Verwaltung immer mehr in die Hand des absoluten Monarchen überging? Ein sicherer Gradmesser für die wirtschaftliche Entwicklung ist die fortschreitende Münzverschlechterung. Infolge der ständig wachsenden Ausgaben für Heer und Verwaltung und infolge des Geldabflusses in die Getreideländer des Ostens, vor allem Ägypten und Syrien, sahen sich die Kaiser zu immer weiterer Verschlechterung der Münze genötigt. Bestand der Denar unter Augustus noch aus reinem Silber, so betrug der Anteil der Legierung unter Nero bereits 5 bis 10 Prozent, unter Trajan 15, unter Mark Aurel (161–180) 25. Der Staat trieb einer Währungskatastrophe zu, die unter Septimius Severus (193–211) zu einer regelrechten Inflation führte.

Da der Lebensstandard der breiten Schichten infolge wirtschaftlicher Unsicherheit und Verarmung, infolge von Krieg, Hungersnot und Seuchen unaufhaltsam zurückging, hielt das Steueraufkommen mit den ständig wachsenden Ausgaben des Staates nicht mehr Schritt.

Daß die Bevölkerungszahl unter den angedeuteten

Umständen sinken mußte, ist nur zu begreiflich. Auch in den einfachen Volksklassen des flachen Landes und der kleineren Städte wuchs die Ehescheu und die Beschränkung der Kinderzahl in den Ehen. Dazu trug nicht zuletzt die durch Verschuldung hervorgerufene Auflösung des Bauernstandes bei, an dessen Stelle der des Großgrundbesitzers getreten war. Gewiß war bei dem allmählich immer stärker einsetzenden Mangel an Sklaven – es gab keine Eroberungskriege im früheren Umfang mehr – und der dadurch bedingten Zerlegung des Großgrundbesitzes in kleinere intensive Betriebe den Kleinpächtern (coloni) Gelegenheit zu bäuerlicher Arbeit gegeben; aber die Rentabilität ihrer Betriebe war so fragwürdig, daß schon gegen Ende des 1. Jahrhunderts u. Z. in Italien gute Kolonen nicht mehr in genügender Zahl zu haben waren und man am Ende des 2. Jahrhunderts durch verlockende Bedingungen dazu ermuntern mußte, unbebautes Land in Besitz zu nehmen.

Mit seiner Geschichte der römischen Kaiserzeit vom Tode des Augustus bis zur Ermordung Domitians (54–96) hat Tacitus den wesentlichsten Beitrag zu dem eben behandelten Zeitraum geleistet. Er gilt auch heute als der größte römische Geschichtsschreiber, der letzte römische Klassiker, und so ist es angebracht, einiges über seine Bedeutung als Historiker zu sagen, auch wenn er diese Bedeutung erst in seinen »Historien« und »Annalen«

erreicht. Für uns kann diese Bedeutung nicht nur in der Darstellungsweise, der dramatischen Konzeption und den von tiefer Menschenkenntnis zeugenden Charakterschilderungen bestehen. Der heutige Beurteiler wird die Größe des Geschichtsschreibers darin erblicken, daß er den von ihm behandelten Zeitraum im allgemeinen zuverlässig geschildert hat – bei allen Verzeichnungen im einzelnen –, gerade weil er in seiner republikanischen Gesinnung dem Prinzipat feindlich oder mindestens äußerst kritisch gegenüberstand und sein Blick dadurch für die Schwächen seiner Zeit geschärft war. Dieser Abstand und diese kritische Sicht dürften heute wichtiger sein als Tacitus' Begrenztheit durch seinen senatorischen Standpunkt.

Über dem Geschichtsschreiber Tacitus darf der große Schriftsteller nicht vergessen werden. Die Forschung hat seinen Stil eingehend untersucht und die vielfältigen Komponenten aufgezeigt, die zur Erklärung seiner überaus voraussetzungsreichen Sprache herangezogen werden können. Zweifellos steht Tacitus am Ende einer betont römischen Entwicklungslinie, die von Catos treffender Kürze über Sallusts Vorliebe für das Sentenziöse und Antithetische zu ihm führt, und den Gegenschlag zu dem von Cicero im engen Anschluß an den Griechen Isokrates entwickelten Ideal eines pathetischen, kunstvoll periodisierten und rhythmisierten, auf Schönheit der Form gerichteten Stils darstellt. Dabei ist ihm über Sallust auch manches von der Gedrungenheit und nicht nach Abrundung strebenden Gehaltfülle des Thukydideischen Stils zugeflossen. Unmittelbar greifbar ist für uns aus dem »Dialogus« ferner die vom Kampf gegen den Ciceronianismus lebende zeitgenössische Rhetorik, der er mannigfach verpflichtet ist. Aber damit sind nur einige Bausteine entdeckt; das Geheimnis des Baues selbst ist das der schöpferischen Persönlichkeit des Tacitus. Wenn für irgendeinen, dann gilt für ihn das Wort: Le style c'est l'homme. Als Mann von kultiviertem Geist und erlesenem Geschmack verschmäht er die abgegriffene Sprache des Alltags, als Feind alles bloß Formalen verzichtet er auf die harmonisch ausgeschwungene Form der Sprache, die nur zu leicht Selbstzweck wird und zu einem Mißverhältnis zwischen Form und Inhalt führt. Starke Erlebnisfähigkeit und gedankliche Tiefe wirken aus verschiedenen Richtungen zu demselben Ergebnis zusammen: Tacitus gibt dem Ausdruck die knappste Form, so daß das Gefühl des Lesers zu stärkster Anteilnahme aufgerufen wird, der Gedanke mitgedacht, nicht selten vom Leser zu Ende gedacht werden muß. Im Tiefsten seiner Seele verwundet – die Zeit Domitians war für den in Altroms libertas wurzelnden Mann eine nie geheilte Wunde –, schreibt er mit herber Verhaltenheit, nur dort im Stil aufblühend, wo sich seine dem Sittlichen verpflichtete Seele weiten kann. Da er tief in die Hintergründe der menschlichen Seele hineinzusehen Gelegenheit hatte, spürt er ihr bis in die letzten Falten nach, was sich vom »Agricola« bis zu den »Annalen« in wachsender Stärke beobachten läßt. Zusammengehalten wird die sehr komplexe Sprache durch einen Gestaltungswillen, der mit seinem Zug ins Aristokratische und Monumentale Taciteisch und römisch zugleich ist; ja, man darf sagen, daß Tacitus in der meisterlichen Tektonik der Sprache und ihrer inhaltlichen Fülle zum letzten Male und zugleich als Höhepunkt Urrömischem Ausdruck verlieh.

Im Jahre 98 erschien, wie wir sahen, in Rom das dem Umfange nach zwar bescheidene, inhaltlich dafür aber um so schwerer wiegende Buch mit dem Titel »De origine et situ Germanorum« (»Über Ursprung und Ortsverhältnisse der Germanen«): die »Germania«.
Habent sua fata libelli. Der Dichter und Grammatiker Terentianus Maurus (um 190 u. Z.) will mit diesem zum Sprichwort gewordenen Satz sagen, daß Bücher wie Menschen ein wechselvolles Schicksal haben und in Vergessenheit geraten können. Ein so wechselvolles Schicksal hatte die »Germania«.
Tacitus ist im Altertum wenig gewürdigt und wenig gelesen worden. Wer von Cicero und Livius kommt, empfindet einen ungeheuren Abstand: die Sprache mutet seltsam an; sie bietet im Gegensatz zur klaren klassischen Prosa Schwierigkeiten über Schwierigkeiten. Bei dem

geringen Interesse, das Tacitus auch im Mittelalter gefunden hat, ist es kein Wunder, daß die Überlieferung spärlich floß, so spärlich, daß man die »Germania« bis ins 15. Jahrhundert als verloren ansehen mußte. Wir wissen nur, daß zwischen 830 und 850 in Hersfeld oder Fulda eine Abschrift der kleinen Schriften des Tacitus angefertigt wurde, zu denen die »Germania« gehörte. Erst 1425 erfuhren italienische Gelehrte vom Vorhandensein eines Hersfelder Kodexes der kleinen Schriften: ein Hersfelder Mönch hatte auf Verlangen ein Verzeichnis der Handschriften des Klosters nach Rom geschickt. Der Versuch, den Codex Hersfeldensis in die Hand zu bekommen, glückte den Italienern zunächst nicht. Aber dreißig Jahre später wurde er von italienischen Gelehrten benutzt, die ihn durch Betrug oder Kauf erworben hatten. War der Kodex in Hersfeld noch unversehrt gewesen, so war er kurz nach seiner Entdeckung zusammen mit drei Abschriften, von denen die übrigen Handschriften abhängen, wieder verschwunden. Bis zum Ende des 19. Jahrhunderts war man daher auf Abschriften des 15. Jahrhunderts angewiesen, deren Verhältnis untereinander sehr schwer festzustellen ist. Erst Anfang des 20. Jahrhunderts ermöglichten zwei Funde eine sichere Textgestaltung. (Einzelheiten über die Überlieferung und ein Verzeichnis der Literatur zur »Germania« gibt die Teubner-Ausgabe der kleinen Schriften von E. Koestermann, Leipzig ³1970.)

Zum letzten Male hatte ein Schriftsteller des heidnischen Rom das, was er als Mensch war, in sein Werk übertragen können, weil er ein ganzer Mensch war. Das wird freilich nur der voll ermessen können, der den ganzen Tacitus liest; aber wie bei allen großen Vertretern der Weltliteratur sind auch seine kleineren Schriften Zeugnisse des ganzen Menschen, in einer uns besonders beeindruckenden Weise die »Germania«.

Den Schlüssel zum Verständnis dieses Werkes liefert, wie Richard Heinze erstmalig gezeigt hat (»Urgentibus imperii fatis«, Akademievortrag aus dem Jahre 1928; abgedruckt in Heinze-Burck »Vom Geist des Römertums«, Leipzig 1938), die richtige Deutung der Worte »urgentibus imperii fatis« am Schluß des 33. Kapitels. Dort schreibt Tacitus: »Möchte doch – so kann man nur wünschen – den fremden Völkern, wenn sie uns schon nicht lieben können, wenigstens der Haß untereinander auf die Dauer erhalten bleiben, da uns in diesen für das Reich schicksalsschweren Zeiten (urgentibus imperii fatis) kein größeres Glück beschieden sein kann als die Zwietracht unserer Feinde.«

Wenn Tacitus die Zeit vom Tode des Augustus bis auf die eigene überblickte, dann wurde er sich mit Besorgnis der Tatsache bewußt, daß das römische Reich nicht mehr die Kraft hatte, die Feinde, die an den Grenzen standen, niederzuwerfen und seinen Bestand zu sichern. Mit ganz besonderer Sorge dachte er dabei an die Germanen. Von 113 v. u. Z. bis zum Jahre 98 »siegen wir über Germanien«, und man hat »noch in jüngster Zeit mehr Triumphe über sie gefeiert als sie wirklich besiegt«, so lesen wir im 37. Kapitel. Resigniert stellt er im 41. Kapitel fest: »... die Elbe, einst ein hochberühmter und wohlbekannter Fluß; jetzt kennt man ihn nur vom Hörensagen.« Die Deutung Heinzes ist neuerdings von Karl Büchner bestätigt worden: »Historische Größe ... darf man nicht mehr erwarten, da das Schicksal des Reiches drückend lastet. Der Verlust der Freiheit schließt historische Größe aus.« (»Studien zur römischen Literatur« IV, Wiesbaden 1964; S. 6 ff.)

Tacitus hat dennoch keine politische Tendenzschrift verfaßt, sosehr ihn Sorge um den Bestand von Roms Weltherrschaft bewegte. Seine »Germania« ist eine völkerkundliche Monographie. Offenbar hatte Tacitus mit den Vorarbeiten zu seinen »Historien« im Jahre 98 bereits begonnen; es wird ihm dabei angesichts der Germanenkriege Domitians, die er zu behandeln hatte, der Gedanke gekommen sein, in einer selbständigen Schrift das Wesentliche über Land und Leute Germaniens zusammenzufassen und vorwegzunehmen.

Die Forschung hat die Schrift zu den Resten der antiken ethnographischen Literatur in Beziehung gesetzt und einzelne Motive, namentlich in den ersten vier Kapiteln, bis auf die Anfänge der griechischen Völkerkunde zurückverfolgt. Sie hat weiter die besonderen Einwirkungen von Cäsars »Commentarii de bello Gallico« (»Über den Gallischen Krieg«) festgestellt, in denen der älteste literarische Bericht über die Germanen enthalten ist. Sie hat ferner auf die verlorengegangenen »Bella Germaniae« (»Germanenkriege«) des älteren Plinius verwiesen, der als Offizier in Germanien gedient und in 20 Büchern eine Geschichte der gegen die Germanen geführten Kriege vorgelegt hatte. Germanien geschildert hatte auch der Geograph Pomponius Mela im 3. Buche seiner Schrift »De chorographia« (»Über Länderbeschreibung«). Aber gerade diese eindringende Ermittlung von Beziehungen hat das Besondere und Einmalige der »Germania« nur deutlicher hervortreten lassen: das meiste und für uns wichtigste Material verdankt Tacitus dem Zustrom teils mündlicher, teils halbliterarischer Quellen, so den Berichten von Offizieren und Kaufleuten; er selbst ist wohl nicht in Germanien gewesen. Gibt das seinem Werk eine Sonderstellung, angesichts deren die literarischen Beziehungen bei aller Wichtigkeit für die Wissenschaft an Bedeutung für den gebildeten Laien verlieren, so ist die »Germania« einmalig auch insofern, als es ihrem Verfasser nicht um Land und Leute im Sinne der üblichen ethnographischen Literatur ging, sondern in einer eben nur ihm möglichen Weise um den Volkscharakter der Germanen. Dieser ist ihm viel wichtiger als das Land in seinen topographischen Einzelheiten oder das germanische Leben in seinen Äußerlichkeiten. Nicht selten deutet er mehr das eigene Wesen als das unserer Vorfahren; aber man sieht gerade an solchen Stellen, daß es sein Hauptanliegen war, den Gegner, der Roms Untergang einst besiegeln sollte, in allen Vorzügen und Schwächen zu begreifen. Es ist nicht allein dieser Spürsinn, der ein für uns in seinem Werte nicht abzuschätzendes Werk entstehen ließ. Was uns beim Lesen der »Germania« so eigenartig ergreift, das ist die fast schwermütige Liebe, mit der derselbe Tacitus den Vorzügen der Germanen gerecht wird, der ihre Schwächen mit einer aus Sorge, Verbitterung und verzweifelndem Verzicht geborenen Genugtuung verzeichnet: in den Vorzügen der Germanen lebt, ohne daß er sich dessen im einzelnen bewußt wäre, der ganz der Größe des alten Rom zugewandte Tacitus wie in einer besseren eigenen Welt. Es ist die besondere Paradoxie der »Germania« und ihr geheimster Reiz, daß der Verfasser, der in »für das Reich schicksalsschweren Zeiten« von dem gefährlichsten Feind reden will, dessen Vorzüge durch unvergleichliche Einfühlung und durch alle Kraft seiner künstlerischen Sprache adelt.

Zum ersten Male gedruckt wurde die »Germania« 1470 in Venedig; auf deutschem Boden erschien die erste Ausgabe 1473 in Nürnberg. Beide Veröffentlichungen hinterließen keine spürbaren Wirkungen. Nachdem jedoch die »Germania«-Ausgabe des Enea Silvio Piccolomini 1496 erschienen war und wenig später der deutsche Humanist Konrad Celtis die erste Vorlesung über die »Germania« an der Wiener Universität gehalten hatte, setzten die Anregungen deutlich spürbar ein. Der Elsässer Jakob Wimpfeling verfaßte 1501 unter dem Eindruck des Taciteischen Werkes eine patriotische Schrift mit dem Titel »Germania« und schrieb eine »Epitome rerum Germanicarum usque ad nostra tempora« (»Abriß der deutschen Geschichte bis zu unserer Zeit«, 1505). 1519 wurde die »Germania« dann von Beatus Rhenanus herausgegeben, dem eigentlichen Begründer unserer Geschichtsschreibung mit seinen 1531 erschienenen »Rerum Germanicarum libri tres« (»Drei Bücher deutscher Geschichte«). Man sieht, wie wichtig das Taciteische Werk für die Selbstbesinnung des Bürgertums in der Zeit des Humanismus in Deutschland wurde.

Die vorliegende Übersetzung verzichtet grundsätzlich darauf, den Stil des Tacitus in seiner Wahl seltener oder die Urbedeutung eigenartig ausschöpfender Ausdrücke in der artistischen Fügung des Satzes, geschweige denn in den besonderen Kunstmitteln oder die stichwortartige Verknüpfung der gedanklichen Abschnitte nachzubilden; ein solcher Versuch würde nicht nur das Verständnis erschweren, sondern – und das ist entscheidend – stilgeschichtlich ein Mißgriff sein. Es hat keine deutsche Stilepoche gegeben, die den Taciteischen Ausdrucksmitteln zwanglos entgegengekommen wäre; mithin muß es dabei bleiben, daß die Übertragung in der Sprache ihrer Zeit abgefaßt wird. Wohl aber ist der Übersetzer über die selbstverständliche Leistung einer bis ins einzelne getreuen Wiedergabe hinaus dem besonderen Ausdruckswillen des fremden Autors verpflichtet, und kein Urteilsfähiger wird die noch verbliebene Aufgabe unterschätzen, dem gestalteten Werk und der inneren Haltung des Autors auf der Ebene der Übertragung die Geschlossenheit zu verleihen, die beide, Werk und Autor, auf ihre Weise gehabt haben.

Arno Mauersberger

CORNELI TACITI

DE ORIGINE ET SITU GERMANORUM LIBER

TACITUS

GERMANIA

I

Germania omnis a Gallis Raetisque et Pannoniis Rheno et Danuvio fluminibus, a Sarmatis Dacisque mutuo metu aut montibus separatur; cetera Oceanus ambit, latos sinus et insularum immensa spatia complectens, nuper cognitis quibusdam gentibus ac regibus, quos bellum aperuit. Rhenus Raeticarum Alpium inaccesso ac praecipiti vertice ortus modico flexu in occidentem versus septentrionali Oceano miscetur. Danuvius molli et clementer edito montis Abnobae iugo effusus plures populos adit, donec in Ponticum mare sex meatibus erumpat; septimum os paludibus hauritur.

II

Ipsos Germanos indigenas crediderim minimeque aliarum gentium adventibus et hospitiis mixtos, quia nec terra olim, sed classibus advehebantur, qui mutare sedes

1

Germanien in seiner gesamten Ausdehnung wird von den Galliern und den Rätern und Pannoniern durch die Flüsse Rhein und Donau, von den Sarmaten und Dakern durch die beiderseitige Furcht oder durch Gebirgszüge abgegrenzt; die übrigen Teile umspült der Ozean, der breite Halbinseln und Inseln von unermeßlicher Ausdehnung umschließt, auf denen man erst in jüngerer Zeit einige Völkerschaften und Könige entdeckt hat, deren Kenntnis [uns] der Krieg erschloß. Der Rhein entspringt auf einem unzugänglichen, steilen Gipfel der Rätischen Alpen, wendet sich in mäßiger Krümmung nach Westen und mündet in die Nordsee. Die Donau kommt von dem sanft und allmählich ansteigenden Bergrücken des Schwarzwalds und berührt [auf ihrem Laufe] zahlreiche Völker, bis sie sich schließlich in sechs Flußarmen den Durchbruch ins Schwarze Meer erkämpft; ein siebenter Arm verliert sich in sumpfigem Gebiete.

2

Von den Germanen selbst möchte ich glauben, daß sie Ureinwohner [des Landes] und kaum durch das Eindringen und die bereitwillige Aufnahme fremder Völquaerebant, et immensus ultra utque sic dixerim adversus Oceanus raris ab orbe nostro navibus aditur. Quis porro praeter periculum horridi et ignoti maris Asia aut Africa aut Italia relicta Germaniam peteret, informem terris, asperam caelo, tristem cultu aspectuque, nisi si patria sit?

Celebrant carminibus antiquis, quod unum apud illos memoriae et annalium genus est, Tuistonem, deum terra editum. Ei filium Mannum originem gentis conditoremque, Manno tres filios assignant, e quorum nominibus proximi Oceano Ingaevones, medii Herminones, ceteri Istaevones vocentur. Quidam, ut in licentia vetustatis, plures deo ortos pluresque gentis appellationes – Marsos, Gambrivios, Suebos, Vandilios – affirmant, eaque vera et antiqua nomina; ceterum Germaniae vocabulum recens et nuper additum, quoniam, qui primi Rhenum transgressi Gallos expulerint ac nunc Tungri, tunc Germani vocati sint: ita nationis nomen, non gentis evaluisse paulatim, ut omnes primum a victore ob metum, mox etiam a se ipsis invento nomine Germani vocarentur.

ker mit anderen vermischt sind. Denn nicht auf dem Landwege, sondern zu Schiff kamen in alter Zeit die Menschen, die ihre Wohnsitze zu verändern suchten, in andere Länder, und der sich in unermeßliche Weiten verlierende und sozusagen auf einer Welt uns gegenüberliegende Ozean wird ja auch nur selten von Schiffen unseres Erdteiles befahren. Wer hätte ferner, ganz abgesehen von den Gefahren des schaurig bewegten und unbekannten Meeres, Asien oder Afrika oder Italien den Rücken kehren und nach Germanien ziehen wollen, das ohne Reiz im Aufbau seiner Landschaft und rauh im Klima, dessen Bearbeitungsmöglichkeit kümmerlich und dessen Gesamteindruck niederdrückend ist – es sei denn, es wäre seine Heimat?

Die Germanen preisen in uralten Liedern, der einzigen Art von geschichtlicher Überlieferung, die es bei ihnen gibt, den erdentsprossenen Gott Tuisto. Ihm weisen sie einen Sohn Mannus als den Urahn und Stammvater ihres Volkes zu, dem Mannus [wieder] drei Söhne, nach deren Namen die unmittelbar an der Küste des Ozeans lebenden Stämme Ingävonen, die Völker in der Mitte des Landes Herminonen, die übrigen Istävonen heißen sollen. Manche behaupten, wie es bei einer so weit zurückliegenden Zeit leicht zu vertreten ist, der Gott habe mehr Söhne gehabt und es gebe [entsprechend] mehr Stammesnamen – Marser, Gambrivier, Sueben, Vandilier –, und dies seien die echten, alten Namen; die

III

Fuisse apud eos et Herculem memorant, primumque omnium virorum fortium ituri in proelia canunt. Sunt illis haec quoque carmina, quorum relatu, quem barditum vocant, accendunt animos futuraeque pugnae fortunam ipso cantu augurantur: terrent enim trepidantve, prout sonuit acies, nec tam voces iliac quam virtutis concentus videntur. Affectatur praecipue asperitas soni et fractum murmur, obiectis ad os scutis, quo plenior et gravior vox repercussu intumescat.
Ceterum et Ulixen quidam opinantur longo illo et fabuloso errore in hunc Oceanum delatum adisse Germaniae terras, Asciburgiumque, quod in ripa Rheni situm

Bezeichnung Germanien sei dagegen jüngeren Ursprungs und vor nicht allzulanger Zeit aufgekommen; denn die Leute, die zuerst den Rhein überschritten und Gallier vertrieben hätten, die jetzigen Tungrer, hätten damals Germanen geheißen: der Name eines einzelnen Stammes, nicht des Gesamtvolkes habe sich allmählich in der Weise durchgesetzt, daß zunächst die Gesamtheit der Germanen wegen des Schreckens, der dem Namen anhaftete, von dem Sieger so genannt wurde, sich dann aber auch selbst so bezeichnete, nachdem der Name einmal aufgekommen war.

3

Man berichtet, auch Herkules sei bei ihnen gewesen, und ihn besingen die Germanen [wirklich] als den hervorragendsten aller ihrer Helden, wenn sie in den Krieg ziehen. Es gibt bei ihnen auch eine Art von Liedern, durch deren Vortrag, den sie als »barditus« bezeichnen, sie den Mut [der Kämpfer] beleben und den Ausgang einer bevorstehenden Schlacht – lediglich nach dem Klang – deuten: sie verbreiten nämlich oder empfinden Schrecken, je nachdem wie der Gesang der Kämpfer ausfiel, und sie sehen in ihm weniger ein Zusammenklingen ihrer Stimmen als ihrer tapferen Herzen. Erstrebt wird vor allem Rauheit im Klang und ein stoßhodieque incolitur, ab illo constitutum nominatumque; aram quin etiam Ulixi consecratam, adiecto Laërtae patris nomine, eodem loco olim repertam, monumentaque et tumulos quosdam Graecis litteris inscriptos in confinio Germaniae Raetiaeque adhuc exstare. Quae neque confirmare argumentis neque refellere in animo est; ex ingenio suo quisque demat vel addat fidem.

IV

Ipse eorum opinionibus accedo, qui Germaniae populos nullis aliis aliarum nationum conubiis infectos propriam et sinceram et tantum sui similem gentem exstitisse arbitrantur. Unde habitus quoque corporum, tamquam in tanto hominum numero, idem omnibus: truces weise hervorgebrachtes dröhnendes Gebrüll. Sie halten dabei die Schilde nahe an den Mund, um die Stimme durch den Widerhall voller und dumpfer anschwellen zu lassen.

Übrigens meinen manche, auch Odysseus habe – auf jener langen, sagenumwobenen Irrfahrt in diesen Teil des Ozeans verschlagen – die Länder Germaniens besucht und Asciburgium, das am Rheinufer liegt und heute noch bewohnt ist, gegründet und benannt; ja, man habe sogar einen dem Odysseus geweihten Altar, auf dem auch der Name seines Vaters Laertes hinzugefügt gewesen sei, einst an der gleichen Stelle gefunden, und einige Grabhügel mit Denkmälern, auf denen griechische Schriftzeichen ständen, gäbe es noch heutigen Tages im Grenzgebiet zwischen Germanien und Rätien. Das habe ich weder durch Beweise zu stützen noch zu widerlegen im Sinn; mag dem jeder nach seiner Auffassung den Glauben versagen oder Glauben schenken.

4

Ich selbst schließe mich den Meinungen derer an, die glauben, daß die Stämme Germaniens – in keiner Weise durch eheliche Verbindungen mit anderen Völkern verfälscht – ein eigenwüchsiges, unvermischtes Volk von unvergleichlicher Eigenart sind. Darum ist auch die äuet caerulei oculi, rutilae comae, magna corpora et tantum ad impetum valida. Laboris atque operum non eadem patientia, minimeque sitim aestumque tolerare, frigora atque inediam caelo solove assueverunt.

V

Terra, etsi aliquanto specie differt, in universum tamen aut silvis horrida aut paludibus foeda, humidior, qua Gallias, ventosior, qua Noricum ac Pannoniam aspicit; satis ferax, frugiferarum arborum impatiens, pecorum fecunda, sed plerumque improcera. Ne armentis quidem suus honor aut gloria frontis: numero gaudent, eaeque solae et gratissimae opes sunt.

Argentum et aurum propitiine an irati dii negaverint, dubito; nec tamen affirmaverim nullam Germaniae venam argentum aurumve gignere: quis enim scrutatus est? Possessione et usu haud perinde afficiuntur. Est videre apud illos argentea vasa, legatis et principibus eorum muneri data, non in alia vilitate quam, quae humo finguntur; quamquam proximi ob usum commerciorum aurum et argentum in pretio habent formasque quasßere Erscheinung, soweit man das bei einer so großen Zahl von Menschen sagen kann, bei allen die gleiche: alle haben trotzige, blaue Augen, rotblondes Haar und hünenhafte Leiber, die freilich nur zum Angriff taugen. In mühseliger Arbeit und Strapazen haben sie nicht die gleiche Ausdauer, und am wenigsten sind sie Durst und Hitze zu ertragen gewöhnt, wohl aber infolge des Klimas und der Bodenbeschaffenheit Kälte und Hunger.

5

Die Landschaft zeigt zwar im einzelnen eine gewisse Abwechslung, ist aber im ganzen doch schaurig durch ihre Wälder oder durch Sumpfe entstellt, reicher an Niederschlägen, wo sie den gallischen Provinzen zugewandt ist, windreicher nach Norikum und Pannonien hin. Das Land ist fähig, die Saat zur Reife zu bringen, kaum gewillt, Obstbäume zu tragen, zwar reich an Vieh, aber das ist meist wenig ansehnlich. Nicht einmal das Pflugvieh hat in dem stolzen Stirnschmuck die ihm zukommende Auszeichnung: die Germanen freuen sich, wenn sie viel Vieh haben, und das ist ihr einziger und der ihnen willkommenste Reichtum.

Ob ihnen die Götter aus Gnade oder im Zorn Silber und Gold versagt haben, vermag ich nicht zu entscheiden; dabei will ich nicht etwa behaupten, keine Ader in dam nostrae pecuniae agnoscunt atque eligunt: interiores simplicius et antiquius permutatione mercium utuntur. Pecuniam probant veterem et diu notam, serratos bigatosque. Argentumque magis quam aurum sequuntur, nulla affectione animi, sed quia numerus argenteorum facilior usui est promiscua ac vilia mercantibus.

VI

Ne ferrum quidem superest, sicut ex genere telorum colligitur. Rari gladiis aut maioribus lanceis utuntur; hastas vel ipsorum vocabulo frameas gerunt angusto et brevi ferro, sed ita acri et ad usum habili, ut eodem telo, prout ratio poscit, vel comminus vel eminus pugnent.

Germanien führe Silber oder Gold; denn wer hätte je danach geforscht? Jedenfalls machen Besitz und Gebrauch auf sie keinen sonderlichen Eindruck. Man kann beobachten, daß bei ihnen silberne Gefäße, die ihren Gesandten und Fürsten als Ehrengabe überreicht worden sind, nicht höher eingeschätzt werden als Gefäße aus Ton. Unsere unmittelbaren Grenznachbarn wissen jedoch infolge der Handelsbeziehungen Gold und Silber zu schätzen, erkennen manche Ausprägungen unseres Geldes an und bevorzugen sie; die im Innern des Landes Wohnenden treiben in einfacherer und altertümlicherer Weise Tauschhandel. Sie nehmen gern das alte und seit langem bekannte Geld, Stücke mit gezähntem Rand und dem Bilde des Zweigespanns. Sie halten sich lieber an das Silber als an Gold, nicht aus besonderer Liebhaberei, sondern nur, weil eine [größere] Zahl von Silbermünzen beim Einkauf von billigem Kleinkram handlicher ist.

6

Nicht einmal Eisen ist im Überfluß vorhanden, wie sich aus der Art ihrer Angriffswaffen ergibt. Nur wenige haben Schwerter oder Speereisen von größerer Länge und Breite; sie tragen Stoßlanzen – oder nach ihrer eigenen Bezeichnung – »Framen« mit einer schmalen

Et eques quidem scuto frameaque contentus est; pedites et missilia spargunt – pluraque singuli – atque in immensum vibrant, nudi aut sagulo leves. Nulla cultus iactatio; scuta tantum lectissimis coloribus distinguunt. Paucis loricae, vix uni alterive cassis aut galea.

Equi non forma, non velocitate conspicui; sed nec variare gyros in morem nostrum docentur: in rectum aut uno flexu dextros agunt ita coniuncto orbe, ut nemo posterior sit.

In universum aestimanti plus penes peditem roboris; eoque mixti proeliantur, apta et congruente ad equestrem pugnam velocitate peditum, quos ex omni iuventute delectos ante aciem locant. Definitur et numerus: centeni ex singulis pagis sunt, idque ipsum inter suos vocantur, et quod primo numerus fuit, iam nomen et honor est.

Acies per cuneos componitur. Cedere loco, dummodo rursus instes, consilii quam formidinis arbitrantur. Corpora suorum etiam in dubiis proeliis referunt. Scutum reliquisse praecipuum flagitium, nec aut sacris adesse aut concilium mire ignominioso fas, multique superstites bellorum infarniam laqueo finierunt.

und kurzen, aber so scharfen und praktisch gut verwendbaren Eisenspitze, daß sie, je nach den Erfordernissen der Kampflage, mit derselben Waffe aus geringerer oder größerer Entfernung kämpfen können. Der Reiter begnügt sich mit Schild und Frame; die Kämpfer zu Fuß schleudern auch kleinere Wurfspieße – jeder mehrere –, und sie schnellen sie ungeheuer weit, mit nacktem oder nur mit einem Mantel leicht bekleidetem Oberkörper. Es gibt kein Prunken mit schmucken Waffen; nur die Schilde bemalen sie unterschiedlich mit besonders ausgesuchten Farben. Nur wenige haben Brustpanzer, kaum der eine oder andere einen Metall- oder Lederhelm.

Ihre Pferde fallen weder durch Schönheit noch durch Schnelligkeit in die Augen; aber man richtet sie auch nicht nach unserer Art dazu ab, verschiedenartige Kreisbewegungen auszuführen: sie lassen sie geradeaus oder in einer einzigen Wendung nach rechts traben, und zwar in einem so dicht geschlossenen Bogen, daß niemand zurückbleibt.

Im ganzen gesehen, liegt das Schwergewicht bei der Fußtruppe, und darum kämpfen sie in gemischtem Verband; die Behendigkeit der Fußsoldaten, die sie aus der gesamten Jungmannschaft aussuchen und vor die Front stellen, paßt sich dabei dem Reiterkampf vorzüglich an. Festgelegt ist auch die Zahl [solcher Kämpfer]: es sind je hundert aus jedem Gau, und ebendanach heißen sie

VII

Reges ex nobilitate, duces ex virtute sumunt. Nec regibus infinita aut libera potestas, et duces exemplo potius quam imperio, si prompti, si conspicui, si ante aciem agant, admiratione praesunt. Ceterum neque animadvertere neque vincire, ne verberare quidem nisi sacerdotibus permissum, non quasi in poenam nec ducis iussu, sed velut deo imperante, quem adesse bellantibus credunt. Effigiesque et signa quaedani detracta lucis in proelium ferunt; quodque praecipuum fortitudinis incitamentum est, non casus nec fortuita conglobatio turauch bei ihnen [Hundertschaften], und was anfangs nur eine Zahlbezeichnung war, ist nunmehr ein Ehrentitel. Das Hauptheer wird aus keilförmigen Abteilungen gebildet. Von der Stelle zu weichen gilt eher als ein Zeichen von kluger Taktik als von Furcht, wenn man nur wieder nachstößt. Die Leichen ihrer Gefährten bringen sie auch in Gefechten mit zweifelhaftem Ausgang zurück. Den Schild preisgegeben zu haben ist eine Schande ohnegleichen; wer so seinen guten Ruf verlor, darf weder an Opferhandlungen teilnehmen noch das Thing besuchen, und viele, die den Krieg glücklich überstanden, haben ihrer Schmach mit dem Strick ein Ende gemacht.

7

Die Könige wählen sie nach dem Adel ihrer Abkunft, die Herzöge auf Grund persönlicher Tapferkeit. Den Königen steht keine unbegrenzte oder willkürliche Machtbefugnis zu, und die Herzöge führen mehr durch ihre Vorbildlichkeit als durch Befehlsgewalt: wenn sie entschlossen sind, wenn sie sich hervorragend schlagen und vor der Front ihren Mann stehen, dann führen sie dank der Bewunderung, die man ihnen entgegenbringt. Übrigens ist es nur den Priestern gestattet, jemand zu töten, zu fesseln oder auch nur zu schlagen, [und das gemam aut cuneum facit, sed familiae et propinquitates; et in proximo pignora, unde feminarum ululatus audiri, unde vagitus infantium. Hi cuique sanctissimi testes, hi maximi laudatores: ad matres, ad coniuges vulnera ferunt; nec iliae numerare aut exigere plagas pavent, cibosque et hortamina pugnantibus gestant.

VIII

Memoriae proditur quasdam acies inclinatas iam et labantes a feminis restitutas constantia precum et obiectu pectorum et monstrata comminus captivitate, quam longe impatientius feminarum suarum nomine timent:

schieht] nicht etwa zum Zwecke der Bestrafung oder auf Geheiß des Herzogs, sondern gleichsam auf Befehl der Gottheit, an deren hilfreiche Anwesenheit im Kampfe sie glauben. In die Schlacht nehmen sie aus den heiligen Hainen Bilder [der den Göttern heiligen Tiere] und gewisse Symbole [ihrer Gottheiten] mit; der stärkste Ansporn zur Tapferkeit ist aber die Tatsache, daß nicht Zufall und willkürliche Zusammenrottung die Reitergruppe oder den Keil bilden, sondern die Sippen und die weitere Verwandtschaft. Und in nächster Nähe [des Schlachtfeldes] befinden sich ihre [heiligsten] Unterpfänder, [ihre Lieben,] so daß sic von dort die lauten Kampfrufe ihrer Frauen, das Wimmern ihrer Kinder hören können. Dies sind für jeden die heiligsten Zeugen, auf ihre Anerkennung legt jeder den größten Wert: zu den Müttern, zu den Frauen bringen sie ihre Wunden, und diese zeigen keine Scheu, die Verletzungen zu zählen und genau zu untersuchen; sie bringen auch den Kämpfern Speise und Zuspruch.

8

Es wird berichtet, daß manches schon zum Weichen gebrachte und zurückflutende Heer von den Frauen dadurch zum Stehen gebracht worden ist, daß sie [die Zurückgehenden] inständig [um Schutz] baten, ihnen die adeo, ut efficacius obligentur animi civitatum, quibus inter obsides puellae quoque nobiles imperantur. Inesse quin etiam sanctum aliquid et providum putant, nec aut consilia earum aspernantur aut responsa neglegunt. Vidimus sub divo Vespasiano Veledam diu apud plerosque numinis loco habitam; sed et olim Albrunam et complures alias venerati sunt, non adulatione nec tamquam facerent deas.

IX

Deorum maxime Mercurium colunt, cui certis diebus humanis quoque hostiis litare fas habent. Herculem et Martem concessis animalibus placant. Pars Sueborum et Isidi sacrificat; unde causa et origo peregrino sacro, parum comperi, nisi quod signum ipsum in modum liburnae figuratum docet advectam religionem. Ceterum nec cohibere parietibus deos neque in ullam humani entblößte Brust entgegenhielten und auf die unmittelbar drohende Gefangenschaft hinwiesen, die die Germanen viel leidenschaftlicher für ihre Frauen fürchten; [das geht] so weit, daß man wirkungsvoller die Stämme verpflichtet, die unter den Geiseln auch vornehme junge Mädchen stellen müssen.

Ja, die Germanen meinen sogar, den Frauen sei eine gewisse Heiligkeit und eine seherische Gabe eigen, und so verschmähen sie weder ihren Rat, noch verachten sie den erteilten Bescheid. Wir haben unter dem göttlichen Vespasian die Veleda gesehen, die lange Zeit bei nicht wenigen Germanen als göttliches Wesen anerkannt war; aber auch schon in alter Zeit haben sie die Albruna und mehrere andere verehrt, nicht in kriecherischer Unterwürfigkeit und nicht in der Meinung, sie machten sie erst zu Göttinnen.

9

Unter den Göttern verehren sie am meisten Merkur, dem sie an bestimmten Tagen auch Menschenopfer darbringen zu müssen glauben. Herkules und Mars suchen sie durch erlaubte, das heißt Tieropfer, zu gewinnen. Ein Teil der Sueben opfert auch der Isis; wie es zur Einführung dieses fremden Kultes gekommen ist und woher er stammt, habe ich nicht recht in Erfahrung bringen könoris speciem assimulare ex magnitudine caelestium arbitrantur: lucos ac nemora consecrant deorumque nominibus appellant secretum illud, quod sola reverentia vident.

X

Auspicia sortesque ut qui maxime observant. Sortium consuetudo simplex: virgam frugiferae arbori decisam in surculos amputant eosque notis quibusdam discretos super candidam vestem temere ac fortuito spargunt; mox, si publice consultetur, sacerdos civitatis, sin privatim, ipse pater familiae precatus deos caelumque suspiciens ter singulos tollit, sublatos secundum impressam ante notam interpretatur. Si prohibuerunt, nulla de eadem re in eundem diem consultatio; sin permissum, auspiciorum adhuc fides exigitur. Et illud quidem etiam hic notum: avium voces volatusque interrogare; proprium gentis equorum quoque praesagia ac monitus experiri. Publice aluntur iisdem nemoribus ac lucis, candidi et nullo mortali opere contacti; quos pressos sacro curnen; nur [soviel läßt sich sagen], daß das Kultsymbol selbst, einer Barke nachgebildet, auf eine Einführung des Kultes auf dem Seewege hinweist. Übrigens glauben die Germanen, daß es mit der Hoheit der Himmlischen unvereinbar sei, Götter in Wände einzuschließen und sie irgendwie menschlichem Gesichtsausdruck anzunähern: sie weihen Lichtungen und Haine und geben die Namen von Göttern jener weltentrückten Macht, die sie allein in frommem Erschauern erleben.

10

Vorzeichen und Losorakel beobachten sie wie kaum ein zweites Volk. Das herkömmliche Verfahren beim Losorakel ist recht einfach: Sie schneiden von einem fruchttragenden Baum ein Reis ab, zerschneiden es in Stäbchen, versehen diese mit bestimmten [runenartigen] Zeichen und streuen sie planlos über ein weißes Tuch, wie sie ihnen gerade unter die Hand kommen. Dann betet der Stammespriester, wenn eine Befragung von Stammes wegen erfolgt, bei privater Befragung der Hausherr persönlich, zu den Göttern und hebt – den Blick zum Himmel gewendet – dreimal [hintereinander] eins auf und deutet die aufgehobenen Stäbchen nach dem vorher eingeritzten Zeichen. Geben sie ablehnenden Bescheid, dann wird an demselben Tage in ru sacerdos ac rex vel princeps civitatis comitantur hinnitusque ac fremitus observant. Nec ulli auspicio maior fides, non solum apud plebem: apud proceres, apud sacerdotes; se enim ministros deorum, illos conscios putant.

Est et alia observatio auspiciorum, qua gravium bellorum eventus explorant: eius gentis, cum qua bellum est, captivum quoquo modo interceptum cum electo popularium suorum, patriis quemque armis, committunt: victoria huius vel illius pro praeiudicio accipitur.

derselben Angelegenheit keine Befragung mehr vorgenommen; bei zustimmendem Bescheid wird die zusätzliche Bestätigung durch Vorzeichen für erforderlich gehalten. Sie kennen auch den [weitverbreiteten] Brauch, die Stimmen der Vögel und ihren Flug zu befragen; eine besondere Eigenart des germanischen Volkes ist es jedoch, auch Witterung und Weisung von Rossen prüfend zu erforschen. Die Tiere werden auf Kosten des Stammes in den bereits erwähnten Hainen und Lichtungen gehalten, weißglänzend und durch keinerlei irdischen Dienst entweiht. Der Priester und der König oder das staatliche Oberhaupt gehen neben den Rossen her, die an einen heiligen Wagen geschirrt sind, und beobachten ihr Wiehern und Schnauben. Kein Vorzeichen genießt größeres Vertrauen, nicht nur in den breiten Schichten der Gemeinfreien: selbst bei den Vornehmen und Priestern; diese halten sich nämlich für Diener der Götter, von den Rossen meinen sie, sie wüßten um den Willen der Götter.

Es gibt bei ihnen auch noch eine andere Beobachtung von Vorzeichen, mit der sie den Ausgang schwerer Kämpfe zu erforschen suchen. Sie lassen einen auf irgendeine Weise aufgegriffenen Gefangenen des Volkes, mit dem sie Krieg führen, mit einem ausgesuchten Streiter aus ihren eigenen Reihen – jeden in den Waffen seiner Heimat – kämpfen; der Sieg des einen oder anderen wird als Vorentscheidung angesehen.

XI

De minoribus rebus principes consultant, de maioribus omnes, ita tamen, ut ea quoque, quorum penes plebem arbitrium est, apud principes praetractentur. Coëunt, nisi quid fortuitum et subitum incidit, certis diebus, cum aut incohatur luna aut impletur; nam agendis rebus hoc auspicatissimum initium credunt. Nec dierum numerum, ut nos, sed noctium computant; sic constituunt, sic condicunt: nox ducere diem videtur. Illud ex libertate vitium, quod non simul nec ut iussi conveniunt, sed et alter et tertius dies cunctatione coëuntium absumitur. Ut turbae placuit, considunt armati. Silentium per sacerdotes, quibus tum et coërcendi ius est, imperatur. Mox rex vel principes, prout aetas cuique, prout nobilitas, prout decus bellorum, prout facundia est, audiuntur, auctoritate suadendi magis quam iubendi potestate. Si displicuit sententia, fremitu aspernantur; sin placuit, frameas concutiunt: honoratissimum assensus genus est armis laudare.

11

Über geringfügigere Anliegen beschließen die Gaufürsten allein, über bedeutendere alle Gemeinfreien, jedoch in der Weise, daß auch das, worüber das Volk zu entscheiden hat, im Rate der Fürsten vorbehandelt wird. Man kommt, wenn nicht ein überraschendes, dringendes Ereignis eintritt, an festliegenden Tagen, bei Neu- oder Vollmond, zusammen; die Germanen meinen nämlich, dies sei die verheißungsvollste Zeit, etwas zu beginnen. Sie berechnen [übrigens] nicht wie wir die Zahl der Tage, sondern die der Nächte. Danach setzen sie ihre Zusammenkünfte fest, danach verabreden sie sich: die Nacht führt sozusagen den Tag herauf. Das ist eine Schattenseite ihres Strebens nach persönlicher Freiheit, daß sie nicht auf einmal und nicht wie auf Befehl zusammenkommen, sondern daß ein zweiter und dritter Tag über dem zögernden Eintreffen der Thingteilnehmer ungenützt verstreicht. Wie es der ungeordneten Menge gefällt, nimmt man bewaffnet Platz. Ruhe wird durch die Priester geboten, die nun auch das Recht haben, Strafen zu verhängen. Dann schenkt man – dem Alter, dem Adel, dem Kriegsruhm und der Rednergabe jedes einzelnen entsprechend – dem König oder einem der führenden Adligen Gehör, mehr weil man ihrem Rat maßgebliche Bedeutung beimißt, als weil sie die Macht hätten zu befehlen. Mißfällt [der

XII

Licet apud concilium accusare quoque et discrimen capitis intendere. Distinctio poenarum ex delicto: proditores et transfugas arboribus suspendunt, ignavos et imbelles et corpore infames caeno ac palude – iniecta insuper crate – mergunt. Diversitas supplicii illuc respicit, tamquam scelera ostendi oporteat, dum puniuntur, flagitia abscondi. Sed et levioribus delictis pro modo poena: equorum pecorumque numero convicti multantur. Pars multac regi vel civitati, pars ipsi, qui vindicatur, vel propinquis eius exsolvitur.
Eliguntur in iisdem conciliis et principes, qui iura per pagos vicosque reddunt; centeni singulis ex plebe comites consilium simul et auctoritas adsunt.

Menge] die vorgetragene Ansicht, dann lehnt man sie durch [allgemeines] Murren ab; gefällt sie ihnen, dann schlagen sie die Framen aneinander; die ehrenvollste Art der Zustimmung ist der mit den Waffen gezollte Beifall.

12

Vor dem Thing darf man auch Klage erheben und einen Prozeß auf Leben und Tod anhängig machen. Aus dem Vergehen ergibt sich das unterschiedliche Strafmaß: Verräter und Überläufer knüpfen sie an [dürren] Bäumen auf, Feiglinge, Kampfscheue und der Unzucht Überführte versenken sie im Morast eines Sumpfes, den sie mit Reisig überdecken. Die verschiedene Abstufung der Todesstrafe geht auf die Vorstellung zurück, daß man die Bestrafung gemeiner Verbrechen gleichsam sichtbar vollziehen, ehrenrührige Handlungen mit Schweigen zudecken müsse. Aber auch geringere Vergehen finden die entsprechende Sühne: Die Schuldigen büßen ihr Vergehen mit einer bestimmten Anzahl von Pferden und Vieh. Ein Teil der Buße wird dem König oder dem Stamm, ein Teil dem Geschädigten oder seiner Verwandtschaft gezahlt.

In den gleichen Versammlungen wird auch die Wahl der Fürsten vollzogen, die in den Dörfern ihrer Gaue Recht sprechen; jedem stehen hundert Beisitzer aus dem Stan-

XIII

Nihil autem neque publicae neque privatae rei nisi armati agunt. Sed arma sumere non ante duiquam moris, quam civitas suffecturum probaverit. Tum in ipso concilio vel principum aliquis vel pater vel propinqui scuto frameaque iuvenem ornant: haec apud illos toga, hic primus iuventae honos; ante hoc domus pars videntur, mox rei publicae.

Insignis nobilitas aut magna patrum merita principis dignationem etiam adulescentulis assignant; ceteris robustionibus ac iam pridem probatis aggregantur; nec rubor inter comites aspici. Gradus quin etiam ipse comitatus habet iudicio eius, quem sectantur; magnaque et comitum aemulatio, quibus primus apud principem suum locus, et principum, cui plurimi et acerrimi comites. Haec dignitas, hae vires: magno semper et electorum iuvenum globo circumdari in pace decus, in bello praesidium. Nec solum in sua gente cuique, sed apud finitimas quoque civitates id nomen, ea gloria est, si numero ac virtute comitatus emineat; expetuntur enim legationibus et muneribus ornantur et ipsa plerumque fama bella profligant.

de der Gemeinfreien zur Seite, die ihn beraten und zugleich sein Urteil bekräftigen.

13

Es gibt überhaupt nichts im staatlichen oder persönlichen Bereiche, was sie ohne Bewaffnung vollzögen. Aber die Sitte verbietet, daß jemand Waffen anlegt, ehe die Gemeinde ihn für waffenfähig erklärt. Dann schmücken eben auf einem solchen Thing einer der Fürsten oder der eigene Vater oder die Verwandten den jungen Mann mit Schild und Frame: das entspricht bei ihnen der Anlegung der Toga [bei uns], das ist die erste Auszeichnung für die jungen Männer; bis dahin gelten sie als Glied des väterlichen Hauses, nunmehr als Glied des Staates.
Hochadel oder große Verdienste der Vorfahren sichern auch noch ganz jungen Leuten die Wertschätzung eines Gefolgsherrn; sie werden dann in die übrigen Gefolgsmannen eingereiht, die kräftiger sind und ihre Fähigkeiten schon lange Zeit bewiesen haben, und es braucht sich niemand zu schämen, wenn man ihn unter den Gefolgsleuten sieht. Es gibt sogar Abstufungen innerhalb der Gefolgschaft selbst auf Grund der Bewertung, die der Gefolgsherr vornimmt, und unter den Gefolgsleuten herrscht großer Wettstreit, wer die erste Stelle bei

XIV

Cum ventum in aciem, turpe principi virtute vinci, turpe comitatui virtutem principis non adaequare. Iam vero infame in omnem vitam ac probrosum, superstitem principi suo ex acie recessisse; illum defendere, tueri, sua quoque fortia facta gloriae eius assignare praecipuum sacramentum est: principes pro victoria pugnant, comites pro principe.

Si civitas, in qua orti sunt, longa pace et otio torpeat, plerique nobilium aduiescentium petunt ultro eas naseinem Herrn einnimmt; die Gefolgsherren wetteifern ihrerseits nicht weniger, wer die meisten und tatkräftigsten Gefolgsleute hat. Das ist ihre Würde, das ihre Kraft: immer von einem großen Kreise auserlesener Jungmannen umgeben zu sein; im Frieden ist die Gefolgschaft das Ehrengeleit, im Kriege dient sie als Leibwache. Und nicht allein im eigenen Volke, sondern auch bei den Nachbarvölkern verschafft es [jedem Gefolgsherrn] Namen und Ruhm, wenn er dank der Zahl und der Tüchtigkeit der Gefolgsleute einen besonderen Rang einnimmt; solche Gefolgsherren werden nämlich von Gesandtschaften aufgesucht, erhalten Ehrengaben und schlagen vielfach durch ihren bloßen Namen Kriege nieder.

14

Kommt es zum Kampf, dann ist es für den Gefolgsherrn eine Schmach, sich an Tapferkeit übertreffen zu lassen, für die Gefolgschaft eine Schande, es dem Gefolgsherrn an Tapferkeit nicht gleichzutun. Ganz ehrenrührig aber und ein Vorwurf für das ganze Leben ist es, den Gefolgsherrn zu überleben und heil aus dem Kampfe heimzukehren; ihn zu verteidigen und zu beschützen, auch die eigenen Heldentaten seinem Ruhme zuzurechnen ist die wesentlichste Verpflichtung ihres Treuschwurs: die tiones, quae tum bellum aliquod gerunt, quia et ingrata genti quies et facilius inter ancipitia clarescunt magnumque comitatum non nisi vi belloque tueare; exigunt enim principis sui liberalitate illum bellatorem equum, illam cruentam victricemque frameam; nam epulae et quamquam incompti, largi tamen apparatus pro stipendio cedunt. Materia munificentiae per bella et raptus. Nec arare terram aut exspectare annum tam facile persuaseris quam vocare hostem et vulnera mereri; pigrum quin immo et iners videtur sudore acquirere, quod possis sanguine parare.

Gefolgsherren kämpfen um den Sieg, die Gefolgsleute für ihren Gefolgsherrn.

Wenn der Stamm, in dem sie aufgewachsen sind, in der Muße einer langen Friedenszeit zu erschlaffen droht, suchen nicht wenige vornehme Jünglinge aus freien Stücken die Stämme auf, die zur Zeit irgendeinen Krieg führen; denn Ruhe ist diesem Menschenschlage unwillkommen, und leichter wird man in Gefahren berühmt, außerdem kann man eine große Gefolgschaft nur durch Gewalttat und Krieg unterhalten. Die Gefolgsleute fordern nämlich von der Freigebigkeit ihres Gefolgsherrn jenes bekannte Streitroß, jene blutige und siegbringende Frame; denn die täglichen Mahlzeiten in ihrer schmucklosen, aber dabei keineswegs kargen Aufmachung gelten als Sold. Die Mittel zu so reichen Gaben werden in Kriegs- und Raubzügen erworben. Man kann die Germanen weniger leicht zur Bodenbestellung oder dazu bestimmen, den Herbstertrag abzuwarten, als den Feind zum Kampfe herauszufordern und sich lohnende Wunden zu holen; ja, es gilt überhaupt als träge und lässig, im Schweiße seines Angesichtes etwas zu erwerben, was man mit Blut erringen kann.

XV

Quotiens bella non ineunt, non multum venatibus, plus per otium transigunt, dediti somno ciboque, fortissimus quisque ac bellicosissimus nihil agens, delegata dornus et penatium et agrorum cura feminis senibusque et infirmissimo cuique ex familia: ipsi hebent, mira diversitate naturae, cum iidem homines sic ament inertiam et oderint quietem.

Mos est civitatibus ultro ac virtim conferre principibus vel armentorum vel frugum, quod pro honore acceptum etiam necessitatibus subvenit. Gaudent praecipue finitimarum gentium donis, quae non modo a singulis, sed et publice mittuntur: electi equi, magnifica arma, phalerae torquesque; iam et pecuniam accipere docuimus.

15

Wenn sie [einmal] nicht in den Krieg ziehen, verbringen sie die Zeit zum kleineren Teile mit Jagden, zum größeren mit erholsamem Ausruhen. Dann schlafen und essen sie mit Hingabe, und es sind gerade die tapfersten und kriegerischsten Naturen, die völlig ausspannen. Die Sorge um Haus, Hof und Acker überläßt man den Frauen, alten Männern und überhaupt allen Schwachen auf dem Hofe; sie selbst leben in einem merkwürdigen Zwiespalt ihres Wesens in stumpfem Nichtstun dahin: es sind ja doch dieselben Menschen, die die Trägheit so lieben und die Ruhe des Friedens so hassen.

Es ist in den Stämmen Sitte, daß jeder einzelne unaufgefordert den Gefolgsherren Vieh oder Korn liefert; diese Ehrengabe, wie die Empfänger die Spende auffassen, ermöglicht ihnen zugleich auch die notwendigen Ausgaben. Vor allem freuen sie sich über Geschenke von Nachbarstämmen, die sie nicht nur von Einzelpersonen, sondern auch von Stammes wegen erhalten: ausgesuchte Pferde, kostbare Waffen, Brustschmuck und Halsketten; ja, wir haben sie sogar dahin gebracht, Geld anzunehmen.

XVI

Nullas Germanorum populis urbes habitari satis notum est, ne pati quidem inter se iunctas sedes: colunt discreti ac diversi, ut fons, ut campus, ut nemus placuit. Vicos locant non in nostrum morem conexis et cohaerentibus aedificiis: suam quisque domum spatio circumdat, sive adversus casus ignis remedium sive inscitia aedificandi. Ne caementorum quidem apud illos aut tegularum usus; matena ad omnia utuntur informi et citra speciem aut delectationem. Quaedam loca diligentius illinunt terra ita pura ac splendente, ut picturam ac liniamenta colorum imitetur. Solent et subterraneos specus aperire eosque multo insuper fimo onerant: suffugium hiemi et receptaculum frugibus, quia rigorem frigorum eius modi loci molliunt, et, si quando hostis advenit, aperta populatur, abdita autem et defossa aut ignorantur aut eo ipso fallunt, quod quaerenda sunt.

16

Es ist allgemein bekannt, daß die Germanenstämme nicht in Städten leben, ja überhaupt nichts von untereinander verbundenen Wohnsitzen [geschlossener Siedlung] wissen wollen: sie siedeln in einzelnen, voneinander weit abliegenden Gehöften, je nachdem wie ihnen ein Quell, ein Feld oder ein Hain gefällt. Ihre Dörfer legen sie nicht in unserer Art so an, daß die Häuser eng nebeneinanderstehen und eine Straße bilden: jeder umgibt seinen Hof mit einem freien Raum; vielleicht versprechen sie sich davon Hilfe für den Fall der Feuersgefahr, vielleicht verstehen sie auch nicht zu bauen. Nicht einmal Bruch- oder Backsteine sind bei ihnen im Gebrauch; sie verwenden zu allem, ohne auf einen schönen oder gefälligen Anblick Wert zu legen, roh behauenes Bauholz. Manche Stellen [an der Außenfront ihrer Häuser] überstreichen sie freilich mit einer gewissen Sorgfalt mit einer so weißglänzenden Erdmasse, daß sie den Eindruck von Bemalung und farbiger Linienführung erweckt. Sie sind auch gewohnt, irdische Höhlen auszuheben, über die sie eine starke Dungschicht legen: das ist dann eine Zufluchtstätte für den Winter und ein Getreidespeicher; denn solche Anlagen mildern die starre Winterkälte, und wenn der Feind einmal ins Land eindringt, dann verwüstet er das frei Daliegende, während er von dem Versteckten und Vergrabenen entwe-

XVII

Tegumen omnibus sagum fibula aut, si desit, spina consertum; cetera intecti totos dies iuxta focum atque ignem agunt. Locupletissimi veste distinguuntur, non fluitante, sicut Sarmatae ac Parthi, sed stricta et singulos artus exprimente. Gerunt et ferarum pelles, proximi ripae neglegenter, ulteriores exquisitius, ut quibus nullus per commercia cultus. Eligunt ferns et detracta velamina spargunt maculis pellibusque beluarum, quas exterior Oceanus atque ignotum mare gignit.

Nec alius feminis quam viris habitus, nisi quod feminae saepius lineis amictibus velantur eosque purpura variant partemque vestitus superioris in manicas non extendunt, nudae bracchia ac lacertos; sed et proxima pars pectoris patet.

der nichts weiß oder es gerade darum übersieht, weil er es erst suchen muß.

17

Als Obergewand tragen alle Männer einen mantelartigen Überwurf, der mit einer Spange oder, wenn man keine hat, mit einem Dorn zusammengehalten wird; ohne weitere Unterkleidung verbringen sie so ganze Tage am Herdfeuer. Die Reichsten tragen davon abweichend Unterkleidung; es ist das aber kein lose herabwallendes Gewand, wie es die Sarmaten und Parther tragen, sondern ein straff anliegendes, das die einzelnen Gliedmaßen deutlich hervortreten läßt. Die Germanen tragen auch Tierfelle: die am Rhein- oder Donauufer wohnenden, ohne auf die Auswahl besonderen Wert zu legen, die weiter im Innern ansässigen mit sorgsamerer Wahl, da sie keinerlei Handelsbeziehungen und darum sonst keine Möglichkeit haben, sich zu schmücken. Diese Stämme suchen die Tiere sorgfältig aus und besetzen die abgezogenen Felle mit Pelzflecken von Tieren, die das Weltmeer in seinen höheren Breiten und seinen unerforschten Teilen erzeugt.

Die Frauen kleiden sich nicht anders als die Männer, sie hüllen sich nur öfters in leinene Umwurftücher, die sie durch rote Streifen beleben, und lassen den oberen Teil

XVIII

Quamquam severa illic matrimonia, nec ullam morum partem magis laudaveris. Nam prope soli barbarorum singulis uxoribus contenti sunt, exceptis admodum paucis, qui non libidine, sed ob nobilitatem plurimis nuptiis ambiuntur.

Dotem non uxor marito, sed uxori maritus offert. Intersunt patentes et propinqui ac munera probant, munera non ad delicias muliebres quaesita nec quibus nova nupta comatur, sed boves et frenatum equum et scutum cum framea gladioque. In haec munera uxor accipitur, atque invicem ipsa armorum aliquid viro affert: hoc maximum vinculum, haec arcana sacra, hos coniugales dcos arbitrantur. Ne se mulier extra virtutum cogitationes extraque bellorum casus putet, ipsis incipientis matrimonii auspiciis admonetur venire se laborum periculorumque sociam, idem in pace, idem in proelio passuram ausuramque: hoc iuncti boves, hoc paratus equus, hoc data arma denuntiant. Sic vivendum, sic pereundum; accipere se, quae liberis inviolata des Untergewandes nicht in Ärmel auslaufen, sondern Unter- und Oberarm unbedeckt; aber auch der anschließende Teil der Brust bleibt frei.

18

Trotzdem hat man bei ihnen von der Ehe eine strenge Auffassung, und es gibt keine Seite ihres sittlichen Lebens, die man mehr rühmen könnte. Denn sie sind fast allein von allen fremden Völkern mit einer einzigen Frau zufrieden; nur sehr wenige bilden eine Ausnahme, die sich indessen nicht aus Sinnlichkeit, sondern wegen ihrer adligen Stellung mehrfach mit Heiratsanträgen umwerben lassen.

Die Mitgift bringt nicht die Frau ihrem Mann, sondern der Mann seiner Frau dar. Die Eltern und Verwandten [der Braut] sind bei der Übergabe zugegen und prüfen die Geschenke, Gaben, die nicht darauf berechnet sind, eine Frau zu entzücken oder der Neuvermählten als Schmuck zu dienen: es sind das vielmehr Rinder, ein gezäumtes Pferd und ein Schild mit Frame und Schwert. Auf diese Geschenke hin willigt die Frau in die Ehe ein und schenkt nun ihrerseits dem Gatten ein Waffenstück: dieser Austausch von Gaben gilt als die tiefste Bindung, als ein Vorgang voll heiliger Geheimnisse, als göttliche Beac digna reddat, quae nurus accipiant rursusque ad nepotes referantur.

XIX

Ergo saepta pudicitia agunt, nullis spectaculorum illecebris, nullis conviviorum irritationibus corruptae. Litterarum secreta viri pariter ac feminae ignorant. Paucissima in tam numerosa gente adulteria, quorum poena praesens et maritis permissa: abscisis crinibus nudatam coram propinquis expellit domo maritus ac per omnem vicum verbere agit. Publicatae enim pudicitiae nulla venia: non forma, non aetate, non opibus maritum invenestätigung der geschlossenen Ehe. Die Frau soll nicht glauben, daß sie an Tapferkeit nicht zu denken braucht und den wechselvollen Schicksalen eines Krieges enthoben ist; darum wird sie gerade durch diese feierlichen Weihen bei Beginn der Ehe darauf hingewiesen, daß sie in das Leben ihres Mannes als Gefährtin in Mühen und Gefahren eintritt, gewillt, das gleiche in Krieg und Frieden zu wagen und zu dulden: darauf weist das Joch Ochsen, darauf das aufgezäumte Pferd, darauf die Waffengabe hin. In diesem Sinne gelte es, sich in Leben und Tod zu bewähren; die Gaben, die sie empfange, müsse sie unentweiht und in Ehren an ihre Söhne weitergeben, dann empfingen sie die Schwiegertöchter, und von denen müßten sie wieder an die Enkel weitergegeben werden.

19

So leben die Frauen in wohlbehüteter Keuschheit, ohne durch die Verlockungen von Schauspielen oder die Reizungen von Gelagen verdorben zu werden. Geheimen Briefwechsel kennen die Männer sowenig wie die Frauen. So zahlreich die Menschen in diesem Volke sind, so vereinzelt kommt es zu einem Ehebruch; die Strafe dafür wird augenblicklich vollzogen und steht dem Gatten zu: entblößt, mit abgeschnittenem Haar rit. Nemo enim illic vitia ridet, nec corrumpere et corrumpi saeculum vocatur. Melius quidem adhuc eae civitates, in quibus tantum virgines nubunt et cum spe votoque uxoris semel transigitur. Sic unum accipiunt maritum, quomodo unum corpus unamque vitam, ne ulla cogitatio ultra, ne longior cupiditas, ne tamquam maritum, sed tamquam matrimonium ament.

Numerum liberorum finite aut quemquam ex agnatis necare flagitium habetur, plusque ibi boni mores valent quam alibi bonae leges.

XX

In omni domo nudi ac sordidi in hos artus, in haec corpora, quae miramur, excrescunt. Sua quemque mater uberibus alit, nec ancillis aut nutricibus delegantur. Do-

jagt sie der Mann im Beisein der Verwandten aus dem Hause und treibt sie unter Peitschenhieben durch das ganze Dorf. Für Preisgabe der Frauenehre gibt es nämlich keine Verzeihung: eine Ehebrecherin findet keinen Mann wieder, und wenn sie noch so schön, so jung oder so reich wäre. Denn niemand belächelt dort Laster, und verführen und sich verführen lassen gilt nicht als Geist der Zeit. Besser noch steht es um die Stämme, bei denen überhaupt nur die Jungfrauen heiraten und es mit der einmaligen Aussicht auf Verehelichung sein Bewenden hat. So bekommen sie *einen* Gatten, wie sie ja auch nur *einen* Körper und *ein* Leben empfangen haben, damit kein Gedanke über seinen Tod hinaus in ihnen aufkeimt, kein Verlangen diesen Zeitpunkt überdaure, damit sie gleichsam nicht ihren Mann, sondern die Ehe [als den Weg zur Mutterschaft] lieben.
Die Geburtenzahl zu beschränken oder ein nachgeborenes Kind zu töten gilt als Schande, und die gesunden sittlichen Anschauungen wirken bei den Germanen stärker als anderswo gute Gesetze.

20

In allen Häusern wachsen sie dürftig gekleidet und wenig gepflegt zu diesen Gliedmaßen, diesen Körpern heran, die wir bewundern. Die eigene Mutter stillt sie minum ac servum nullis educationis deliciis dignoscas: inter eadem pecora, in eadem humo degunt, donec aetas separet ingenuos, virtus agnoscat.

Sera iuvenum venus, eoque inexhausta pubertas. Nec virgines festinantur; eadem iuventa, similis proceritas: pares validaeque miscentur, ac robora parentum liberi referunt.

Sororum filiis idem apud avunculum, qui apud patrem, honor. Quidam sanctiorem artioremque hunc nexum sanguinis arbitrantur et in accipiendis obsidibus magis exigunt, tamquam et animum firmius et domum latius teneant. Heredes tamen successoresque sui cuique liberi, et nullum testamentum. Si liberi non sunt, proximus gradus in possessione fratres, patrui, avunculi. Quanto plus propinquorum, quanto maior affinium numerus, tanto gratiosior senectus; nec ulla orbitatis pretia.

alle; man überläßt die Kinder nicht Mägden oder Ammen. Herrensohn und »Sklaven«-Kind kann man durch keinerlei verzärtelte Erziehung voneinander unterscheiden: unter demselben Vieh, auf demselben Erdboden verbringen sie ihre Kindheit, bis das reifere Alter die Edlen schließlich aussondert, die Leistung sie als solche erweist.

Spät erwacht in den jungen Männern die Liebe, darum ist ihre Zeugungskraft unverbraucht. Auch mit der Verheiratung der jungen Mädchen hat man keine Eile; dieselbe jugendliche Kraft, der gleiche schlanke Wuchs ist ihnen eigen: den Jünglingen ebenbürtig in ihrer Unverbrauchtheit, gehen sie die Ehe ein, und in den Kindern lebt die gesunde Kraft der Eltern weiter.

Die Söhne der Schwestern genießen bei ihrem Oheim mütterlicherseits dieselbe Ehre wie bei ihrem Vater. Manche Stämme halten diese Blutsverbindung für heiliger und enger und bevorzugen sie, wenn sie sich Geiseln stellen lassen, da sie damit nach ihrer Meinung die ehrliche Gesinnung [des einzelnen] sicherer, die Sippe in weiterem Ausmaße sich verpflichten. Erben und Rechtsnachfolger sind trotzdem jeweils nur die leiblichen Söhne, und eine letztwillige Verfügung darüber kennt man nicht. Sind keine Kinder da, dann sind die nächstberechtigten Erben die Brüder und die Oheime väterlicher- und mütterlicherseits. Je größer die Zahl der Blutsverwandten, je größer die der Verschwägerten

XXI

Suscipere tam inimicitias, seu patris seu propinqui, quam amicitias necesse est; nec implacabiles durant; luitur enim etiam homicidium certo armentorum ac pecorum numero recipitque satisfactionem universa domus: utiliter in publicum, quia periculosiores sunt inimicitiae iuxta libertatem.

Convictibus et hospitiis non alia gens effusius indulget. Quemcumque mortalium arcere tecto nefas habetur; pro fortuna quisque apparatis epulis excipit. Cum defecere, qui modo hospes fuerat, monstrator hospitii et comes; proximam domum non invitati adeunt. Nec interest: pari humanitate accipiuntur; notum ignotumque, quantum ad ius hospitis, nemo discernit. Abeunti, si quid poposcerit, concedere moris, et poscendi invicem eadem facilitas. Gaudent muneribus, sed nec data imputant nec acceptis obligantur. Victus inter hospites communis.

ist, um so reicher an Freuden ist das Alter; Kinderlosigkeit gilt in keiner Beziehung als vorteilhaft.

21

Man muß unter allen Umständen die Feindschaften wie die Freundschaften des Vaters oder eines Blutsverwandten übernehmen. Die Feindschaften dauern jedoch nicht unversöhnlich fort: selbst Totschlag läßt sich nämlich mit einer bestimmten Anzahl von Groß- und Kleinvieh sühnen, und die ganze Sippe nimmt die Genugtuung an. Das ist vorteilhaft für den Stamm, weil bei der ausgeprägten Freiheitsliebe [der Germanen] Fehden besonders gefährlich sind.

Es gibt kein Volk, das der Geselligkeit und Gastfreundschaft mit solcher Hingabe huldigte wie die Germanen. Es gilt als Sünde, einem Menschen sein Haus zu verschließen, wer es auch sei; jeder empfängt ihn mit einem seinen wirtschaftlichen Verhältnissen entsprechend reich zubereiteten Mahle. Sind die Vorräte aufgezehrt, dann weist der, der eben noch Gastgeber gewesen war, den Weg zu einem anderen gastlichen Hause und geht selbst mit; uneingeladen betreten sie den nächsten Hof. Und das hat nichts zu sagen: der Empfang ist nicht weniger herzlich; im Gastrecht macht eben keiner einen Unterschied zwischen Bekannten und Unbekannten. Es ist Brauch, daß man dem scheidenden Gast auf Verlangen

XXII

Statim e somno, quem plerumque in diem extrahunt, lavantur, saepius calida, ut apud quos plurimum hiems occupat. Lauti cibum capiunt; separatae singulis sedes et sua cuique mensa. Tum ad negotia nec minus saepe ad convivia procedunt armati. Diem noctemque continuare potando nulli probrum. Crebrae – ut inter vinolentos – rixae raro conviciis, saepius caede et vulneribus transiguntur. Sed et de reconciliandis invicem inimicis et iungendis affinitatibus et asciscendis principibus, de pace denique ac bello plerumque in conviviis consultant, tamquam nullo magis tempore aut ad simplices cogitationes pateat animus aut ad magnas incalescat. Gens non astuta nec callida aperit adhuc secreta pectoris licentia ioci; ergo detecta et nuda omnium mens. Postera die retractatur, et salva utriusque temporis ratio est: deliberant, dum fingere nesciunt, constituunt, dum errare non possunt.

etwas übereignet, und umgekehrt fällt es [dem Gastgeber] nicht etwa schwerer, einen Wunsch auszusprechen. Sie freuen sich über die Geschenke, aber sie rechnen die Gaben [dem Empfänger] nicht nach und fühlen sich durch die erhaltenen Geschenke nicht irgendwie verpflichtet. Zwischen Gastgeber und Gast gibt es keinen Unterschied von mein und dein.

22

Gleich nach dem Schlafe, den sie oft genug bis in den Tag hinein ausdehnen, waschen sie sich, öfter mit warmem Wasser, da bei ihnen der Winter den größten Teil des Jahres ausfüllt. Nach dem Waschen nehmen sie ihr Frühstück ein; jeder hat dabei einen besonderen Platz und seinen eigenen Tisch. Dann begeben sie sich an ihre Geschäfte, nicht weniger oft auch zu Gelagen, und zwar in Waffen. Tag und Nacht einmal hintereinander beim Trunk zu verbringen wird keinem übelgenommen. Wie es bei trunkenen Menschen üblich ist, kommt es häufig zu Streitigkeiten, die selten mit gegenseitigen Beschimpfungen, häufiger mit Totschlag und Verwundung enden. Aber man berät andererseits auch über die [gegenseitige] Wiederversöhnung von Feinden, die Anknüpfung verwandtschaftlicher Beziehungen und die Aufnahme in den Fürstenstand, ja schließlich über

XXIII

Potui humor ex hordeo aut frumento, in quandam similitudinem vini corruptus; proximi ripae et vinum mercantur. Cibi simplices: agrestia poma, recens fera aut lac concretum; sine apparatu, sine blandimentis expellunt famem. Adversus sitim non eadem temperantia; si indulseris ebrietati suggerendo, quantum concupiscunt, haud minus facile vitiis quam armis vincentur.

Krieg und Frieden sehr oft bei solchen Gelagen, da nach ihrer Meinung die Seele zu keiner anderen Zeit ehrlichen Gedanken aufgeschlossener ist oder sich für bedeutende eher erwärmt. Dies Volk, das weder verschlagen noch durchtrieben ist, erschließt eben noch seine geheimsten Gefühle in ausgelassener Heiterkeit; so tritt die Gesinnung bei allen unverhüllt und offen ans Licht. Tags darauf nimmt man die Angelegenheit noch einmal vor, und beide Zeiten kommen zu ihrem Recht: sie überlegen zu einer Zeit, da sie sich nicht verstellen können, sie beschließen, wenn ein Irrtum unmöglich ist.

23

Als Getränk dient ihnen ein Saft, der unter Verwendung von Gerste oder Weizen bereitet und ähnlich wie Wein vergoren ist; die Anwohner des Rhein- oder Donauufers kaufen sich auch richtigen Wein. Die Speisen sind einfach: wildwachsendes Obst, frisch erlegtes Wildbret oder geronnene Milch; sie stillen den Hunger, ohne die Speisen besonders zuzubereiten oder zu würzen. Gegen den Durst zeigen sie nicht die gleiche Beherrschtheit. Wenn man ihrer Trinklust dadurch Vorschub leistet, daß man ihnen so viel zuführt, wie sie trinken wollen, wird man sie ebensoleicht durch ihre eigenen Laster wie durch Waffengewalt bezwingen können.

XXIV

Genus spectaculorum unum atque in omni coetu idem: nudi iuvenes, quibus id ludicrum est, inter gladios se atque infestas frameas saltu iaciunt. Exercitatio artem paravit, ars decorem, non in quaestum tamen aut mercedem: quamvis audacis lasciviae pretium est voluptas spectantium. Aleam, quod mirere, sobrii inter seria exercent, tanta lucrandi perdendive temeritate, ut, cum omnia defecerunt, extremo ac novissimo iactu de libertate ac de corpore contendant. Victus voluntariam servitutem adit: quamvis iuvenior, quamvis robustior alligari se ac venire patitur. Ea est in re prava pervicacia; ipsi fidem vocant. Servos condicionis huius per commercia tradunt, ut se quoque pudore victoriae exsolvant.

24

Es gibt nur eine einzige Art von Schaustellungen bei ihnen, die bei jeder festlichen Zusammenkunft in derselben Weise verläuft: Nur wenig bekleidete Jünglinge, für die das ein sportliches Vergnügen ist, werfen sich in tanzartigen Sprüngen zwischen gezückte Schwerter und drohend erhobene Framen. Die lange Übung [in diesem Spiel] hat zu einer gewissen Gewandtheit geführt, die Gewandtheit zur Anmut; trotzdem gehen sie dabei nicht auf Erwerb oder klingenden Lohn aus: das Vergnügen der Zuschauer ist der Lohn für ihre spielerische Freude, so tollkühn sie ist.

Das Würfelspiel pflegen sie erstaunlicherweise in voller Nüchternheit wie ein ernsthaftes Geschäft, und zwar in so unbeschwertem Leichtsinn im Gewinnen oder Verlieren, daß sie in einem allerletzten Wurf um ihre persönliche Freiheit und ihr Leben kämpfen, wenn sie alles andere verloren haben. Der Unterlegene begibt sich in freiwillige Knechtschaft; mag er auch jünger, mag er körperlich kräftiger sein: er läßt sich binden und verkaufen. Das ist Hartnäckigkeit in einer verwerflichen Sache; sie selbst nennen es »Treue«. Auf diese Art Versklavte verkaufen sie weiter, um auch für ihre eigene Person die Schmach eines solchen Sieges loszuwerden.

XXV

Ceteris servis non in nostrum morem – descriptis per familiam ministeriis – utuntur: suam quisque sedem, suos penates regit. Frumenti modum dominus aut pecoris aut vestis ut colono iniungit, et servus hactenus paret; cetera domus officia uxor ac liberi exsequuntur. Verberare servum ac vinculis et opere coërcere rarum; occidere solent, non disciplina et severitate, sed impetu et ira, ut inimicum, nisi quod impune est. Liberti non multum supra servos sunt, raro aliquod momentum in domo, numquam in civitate exceptis dumtaxat iis gentibus, quae regnantur. Ibi enim et super ingenuos et super nobiles ascendunt; apud ceteros impares libertini libertatis argumentum sunt.

25

Die übrigen Sklaven setzen sie nicht so ein, wie es bei uns Sitte ist, wo die Dienstleistungen unter das Gesinde genau aufgeteilt sind: jeder Sklave steht einem eigenen Anwesen, einem eigenen Hof vor. Sein Herr erlegt ihm lediglich eine bestimmte Menge Brotgetreide, Vieh oder Zeug [von Wolle oder Leinen] auf wie einem Kleinpächter, und nur insofern besteht eine Verpflichtung für den Sklaven; die übrigen hauswirtschaftlichen Dienste versehen Frau und Kinder [des Grundherrn]. Selten wird ein Sklave geschlagen und durch Zwangsarbeit in Ketten bestraft; eher schon schlagen sie einen nieder, nicht in Wahrung strenger Zucht, sondern im Jähzorn, wie man einen persönlichen Feind erschlägt, nur daß es [für die Tötung eines Sklaven] keine Strafverfolgung gibt. Die Freigelassenen stehen im Range nicht viel über den Sklaven; selten kommt ihnen im Hause, niemals im Stamme irgendeine entscheidende Bedeutung zu, mit Ausnahme der Stämme, an deren Spitze ein König steht. Dort steigen sie nämlich über Freigeborene und selbst über Adlige empor; bei den übrigen ist die untergeordnete Stellung der Freigelassenen ein Beweis dafür, daß dort wirklich Freiheit herrscht.

XXVI

Fenus agitare et in usuras extendere ignotum; ideoque magis servatur, quam si vetitum esset.

Agri pro numero cultorum ab universis invicem occupantur, quos mox inter se secundum dignationem partiuntur; facilitatem partiendi camporum spatia praestant. Arva per annos mutant, et superest ager. Nec enim cum ubertate et amplitudine soli labore contendunt, ut pomaria conserant et prata separent et hortos rigent: sola terrae seges imperatur. Unde annum quoque ipsum non in totidem digerunt species: hiems et ver et aestas intellectum ac vocabula habent, autumni perinde nomen ac bona ignorantur.

26

Daß man Kapital ausleihen und durch Zinsen anwachsen lassen kann, ist den Germanen unbekannt, und dadurch sind die erfreulichen Verhältnisse besser gewahrt, als wenn ein Verbot bestände.

Das ackerbaufähige Land wird in einem der Zahl der Bebauer entsprechenden Umfang von der gesamten Dorfgemeinde zu wechselnder Bebauung in Besitz genommen, dann teilen sie es untereinander nach Rang und Würde auf; die weite Ausdehnung des verfügbaren Ackerlandes sichert eine leichte Teilung. Sie wechseln jährlich die Saatfelder, und es ist immer noch Ackerland übrig. Denn sie ringen nicht in mühevoller Arbeit um die Fruchtbarkeit und den Umfang ihrer Ländereien, so daß sie etwa Obstgärten anlegten, Wiesenflächen abgrenzten und Gemüsegärten künstlich bewässerten: sie verlangen vom Boden nur, daß er die Getreidesaat aufgehen läßt. Darum teilen sie auch das Jahr selbst nicht in so viele Abschnitte ein: vom Winter, Frühling und Sommer haben sie eine Vorstellung und kennen die Bezeichnungen; der Begriff des Herbstes ist ihnen ebensowenig vertraut wie seine Gaben.

XXVII

Funerum nulla ambitio: id solum observatur, ut corpora clarorum virorum certis lignis crementur. Struem rogi nec vestibus nec odoribus cumulant: sua cuique arma, quorundam igni et equus adicitur.

Sepulcrum caespes erigit: monumentorum arduum et operosum honorem ut gravem defunctis aspernantur. Lamenta ac lacrimas cito, dolorem et tristitiam tarde ponunt. Feminis lugere honestum est, viris meminisse.

Haec in commune de omnium Germanorum origine ac moribus accepimus; nunc, singularum gentium instituta ritusque quatenus differant quae(que) nationes e Germania in Gallias commigraverint, expediam.

27

Es gibt bei ihnen kein Prunken in der Ausgestaltung der Leichenbegängnisse: nur darauf wird gesehen, daß die Leichen berühmter Männer unter Verwendung bestimmter Holzsorten verbrannt werden. Den hochgeschichteten Bau des Scheiterhaufens überladen sie weder mit Teppichen noch mit Räucherwerk: jeder bekommt seine Waffen mit, manche werden auch mit ihrem Lieblingspferd verbrannt.

Nur ein Rasenhügel wölbt sich über dem Grabe: die Ehrung durch hochragende und kunstvoll gearbeitete Steindenkmäler lehnen sie als eine Last für die Abgeschiedenen ab. Mit Klagen und Weinen hören sie bald auf, den Schmerz und die Traurigkeit verwinden sie nur langsam. Den Frauen steht die Trauer wohl an, den Männern treues Gedenken.

Das sind die allgemeinen Nachrichten über den Ursprung und die Sitten des gesamten Germanenvolkes, die ich bekommen konnte; jetzt will ich darlegen, wie sich die einzelnen Stämme in ihren [staatlichen] Einrichtungen und ihren Gebräuchen voneinander unterscheiden, und angeben, welche Stämme aus Germanien in die gallischen Provinzen eingewandert sind.

XXVIII

Validiores olim Gallorum res fuisse summus auctorum divus Iulius tradit; eoque credibile est etiam Gallos in Germaniam transgressos. Quantulum enim amnis obstabat, quominus, ut quaeque gens evaluerat, occuparet permutaretque sedes promiscuas adhuc et nulla regnorum potentia divisas! Igitur inter Hercyniam silvam Rhenumque et Moenum amnes Helvetii, ulteriora Boii, Gallica utraque gens, tenuere. Manet adhuc Boihaemi nomen significatque loci veterem memoriam quamvis mutatis cultoribus. Sed utrum Aravisci in Pannoniam ab Osis, Germanorum natione, an Osi ab Araviscis in Germaniam commigraverint, cum eodem adhuc sermone, institutis, moribus utantur, incertum est, quia pari olim inopia ac libertate eadem utriusque ripae bona malaque erant.

Treveri et Nervii circa affectationem Germanicae originis ultro ambitiosi sunt, tamquam per hanc gloriam sanguinis a similitudine et inertia Gallorum separentur. Ipsam Rheni ripam haud dubie Germanorum populi colunt: Vangiones, Triboci, Nemetes. Ne Ubii quidem, quamquam Romana colonia esse meruerint ac libentius Agrippinenses conditoris sui nomine vocentur, origine erubescunt, transgressi olim et experimento fidei super ipsam Rheni ripam collocati, ut arcerent, non ut custodirentur.

28

In alter Zeit, so berichtet unser bedeutendster Geschichtsschreiber, der göttliche G. Julius Cäsar, seien die Gallier an Macht überlegen gewesen; deshalb ist es durchaus glaubhaft, daß auch Gallier auf germanisches Gebiet übergetreten sind. Denn wie wenig konnte es ein Fluß [wie der Rhein] verhindern, daß ein Stamm jeweils seinen Wohnsitz wechselte und Neuland in Besitz nahm, wenn er stark genug geworden war; war doch das Land noch nicht in festen Händen und nicht durch die Bildung mächtiger Königsherrschaften aufgeteilt! So haben die Gebiete zwischen dem Herzynischen Walde und den Flüssen Rhein und Main die Helvetier, das Land weiter östlich die Bojer – beides gallische Stämme! – im Besitz gehabt. Noch heute ist der Name Boihämum erhalten und bezeugt die Vorgeschichte dieses Landstriches, wenn auch die Siedler gewechselt haben. Ob freilich die Aravisker nach Pannonien aus dem Gebiete der Oser, eines unter Germanen wohnenden Stammes, eingewandert sind oder die Oser nach Germanien unter Loslösung von den Araviskern, das weiß man nicht; noch heute gleichen sie einander in Sprache, Einrichtungen und Gebräuchen. Schließlich lebten beide Stämme in früherer Zeit in der gleichen Dürftigkeit und Ungebundenheit, und die Vor- und Nachteile waren auf beiden Donauufern die gleichen.

XXIX

Omnium harum gentium virtute praecipui Batavi non multum ex ripa, sed insulam Rheni amnis colunt, Chattorum quondam populus et seditione domestica in eas sedes transgressus, in quibus pars Romani imperii fierent. Manet honos et antiquae societatis insigne; nam nec tributis contemnuntur nec publicanus atterit: exempti oneribus et collationibus et tantum in usum proeliorum sepositi, velut tela atque arma, bellis reservantur.

Die Treverer und Nervier vertreten den Anspruch, germanischen Ursprungs zu sein, sogar mit besonderem Ehrgeiz, in der Meinung, sie könnten sich durch solchen Adel des Blutes von der Ähnlichkeit mit den schlaffen Galliern lossagen. Das Rheinufer selbst bewohnen unzweifelhaft germanische Stämme: die Vangioner, Triboker und Nemeter. Auch die Ubier schämen sich ihrer germanischen Abstammung nicht, obwohl sie sich doch die Ehre, eine römische Kolonie zu sein, verdient haben und sich lieber nach ihrer Stadtgründerin [Agrippina] Agrippinenser nennen hören; sie sind einst über den Rhein gegangen und unter Erprobung ihrer Treue unmittelbar am linksrheinischen Ufer angesiedelt worden: sie sollten dort die Grenzwacht bilden, nicht etwa selbst unter Bewachung gehalten werden.

29

Alle diese Stämme überragen an Tapferkeit die Bataver, die vom linken Rheinufer nur einen kleinen Strich, dafür aber eine durch die beiden Rheinarme und die Nordsee gebildete Insel bewohnen. Ursprünglich waren sie ein Teil des Chattenvolkes und sind wegen innerer Zerwürfnisse in ihre späteren Wohnsitze ausgewandert, wo es ihnen beschieden war, ein ebenbürtiges Glied des römischen Reiches zu werden. Sie haben sich ihre Son-

Est in eodem obsequio et Mattiacorum gens: protulit enim magnitudo populi Romani ultra Rhenum ultraque veteres terminos imperii reverentiam. Ita sede finibusque in sua ripa, mente animoque nobiscum agunt, cetera similes Batavis, nisi quod ipso adhuc terrae suae solo et caelo acrius animantur.

Non numeraverim inter Germaniae populos, quamquam trans Rhenum Danuviumque consederint, eos, qui decumates agros exercent: levissimus quisque Gallorum et inopia audax dubiae possessionis solum occupavere; mox limite acto promotisque praesidiis sinus imperii et pars provinciae habentur.

derstellung und die sichtbare Anerkennung ihrer langjährigen Waffenbrüderschaft mit Rom bewahrt; denn man entwürdigt sie nicht durch Tribute, und kein Steuerpächter saugt sie aus: befreit von Steuern und Sonderabgaben und nur zur Verwendung für Kämpfe bereitgestellt, werden sie wie Trutz- und Schutzwaffen Roms für dessen Kriege aufgespart.

Im gleichen Abhängigkeitsverhältnis steht auch der Stamm der Mattiaker; denn die [militärische Kraft und] Größe des römischen Volkes hat die Anerkennung seiner Herrschaft auch über den Rhein und damit über die alten Reichsgrenzen hinübergetragen. So leben sie dem Wohnsitz und dem Gebiete nach auf dem germanischen Rheinufer, halten aber ihrer Gesinnung und Einstellung nach zu uns; im übrigen ähneln sie den Batavern, nur haben sie, allein schon infolge der Bodenbeschaffenheit und des Klimas ihres Landes, einen feurigeren Sinn.

Nicht unter die Völker Germaniens möchte ich die Leute rechnen, die das Zehn[t]land bearbeiten, obwohl sie sich jenseits von Rhein und Donau niedergelassen haben: die abenteuerlustigsten Gallier, die die Not kühn gemacht hat, haben den Boden, dessen Besitz umstritten war, besetzt; seitdem dann der Grenzwall angelegt und die Grenzwachen weiter nach vorn verlegt worden sind, bilden sie einen vorgeschobenen Posten unseres Reiches und einen Teil der Provinz.

XXX

Ultra hos Chatti initium sedis ab Hercynio saltu incohant, non ita effusis ac palustribus locis, ut ceterae civitates, in quas Germania patescit: durant siquidem colles, paulatim rarescunt, et Chattos suos saltus Hercynius prosequitur simul atque deponit. Duriora genti corpora, stricti artus, minax vultus et maior animi vigor. Multum – ut inter Germanos – rationis ac sollertiae: praeponere electos, audire praeposito, nosse ordines, intellegere occasiones, differre impetus, disponere diem, vallare noctem, fortunam inter dubia, virtutem inter certa numerare, quodque rarissimum nec nisi Romanae disciplinae concessum, plus reponere in duce quam in exercitu. Omne robur in pedite, quem super arma ferramentis quoque et copiis onerant: alios ad proelium ire videas, Chattos ad bellum. Rari excursus et fortuita pugna. Equestrium sane virium id proprium, cito parare victoriam, cito cedere: velocitas iuxta formidinem, cunctatio propior constantiae est.

30

Weiter nordostwärts [»jenseits von diesen«] wohnen die Chatten. Ihre Wohnsitze beginnen mit dem Herzynischen Walde, ihr Gebiet ist nicht so flach und sumpfig wie das der anderen Stämme, denen Germanien einen so weiten Raum zur Verfügung stellt: die Hügel bilden nämlich eine ganze Kette und werden nur allmählich seltener, und das Herzynische Gebirge gibt seinen Chatten zugleich das Geleit und setzt sie ab [verliert sich mit ihnen in der Ebene]. Die Chatten haben kräftigere Körper [als andere Stämme] und sehnige Gliedmaßen, einen drohenden Blick und eine ungewöhnliche geistige Regsamkeit. Für Germanen zeigen sie große Umsicht und viel Geschick: sie wissen sich unter auserlesene Männer zu stellen, gehorchen den Vorgesetzten, kennen regelrechte Heeresverbände, verstehen günstige Gelegenheiten wahrzunehmen, den Angriff auch einmal aufzuschieben, sich die Tagesarbeit zweckmäßig einzuteilen und sich während der Nacht durch Einschanzen zu sichern. Glückliche Zufälle sehen sie als unsicheres Geschenk, die Tapferkeit als sichere Garantie [des Sieges] an, und – was man nur sehr selten findet und was eigentlich ein Vorrecht römischer Manneszucht ist – sie verlegen das Schwergewicht auf die Führung statt auf das Heer. Alle Kraft liegt beim Fußvolk, dem sie außer den Waffen auch Schanzzeug und Proviant aufbürden: ande-

XXXI

Et aliis Germanorum populis usurpatum raro et privata cuiusque audentia apud Chattos in consensum vertit, ut primum adoleverint, crinem barbamque submittere nec nisi hoste caeso exuere votivum obligatumque virtuti oris habitum. Super sanguinem et spolia revelant frontem seque turn demum pretia nascendi rettulisse dignosque patria ac parentibus ferunt; ignavis et imbellibus manet squalor. Fortissimus quisque ferreum insuper anulum (ignominiosum id genti) velut vinculum gestat, donec se caede hostis absolvat. Plurimis Chattorum hic placet habitus, iamque canent insignes et hostibus simul suisque monstrati. Omnium penes hos initia pugnarum, haec prima semper acies, visu nova; nam ne in pace quidem vultu mitiore mansuescunt. Nulli domus aut ager aut aliqua cura: prout ad quemque venere, aluntur – prodigi alieni, contempre kann man in den Kampf ziehen sehen, die Chatten in den Krieg. Selten unternehmen sie plötzliche Vorstöße und Kämpfe auf gut Glück. Tatsächlich ist es ja auch eine besondere Eigenart von Reiterverbänden, rasch den Sieg zu erringen, rasch zurückzuweichen; [im allgemeinen aber] grenzt Schnelligkeit an Angst, während bedachtsame Zurückhaltung zäher Festigkeit nähersteht.

31

Was sich auch bei anderen germanischen Stämmen als Brauch findet, aber selten ist und dann dem verwegenen Entschluß des einzelnen überlassen bleibt, hat sich bei den Chatten allgemein durchgesetzt: sobald sie herangewachsen sind, lassen sie Haupt- und Barthaar wachsen und entledigen sich erst nach Tötung eines Feindes der Haartracht, die ein Gelöbnis der Tapferkeit und ihr gleichsam zum Pfand gegeben ist. Über dem Blute und der Beute [des gefallenen Gegners] legen sie die Stirn frei und erklären, jetzt hätten sie erst den schuldigen Preis für ihre Geburt bezahlt und wären ihrer Heimat und ihrer Väter würdig; Feiglinge und unkriegerische Naturen behalten das struppige Aussehen. Die Tapfersten tragen überdies einen Eisenring wie eine Fessel – das gilt sonst bei diesem Stamm als Schmach –, bis sie sich durch Tötung eines Feindes [gleichsam] frei matores sui –, donec exsanguis senectus tam durac virtuti impares faciat.

XXXII

Proximi Chattis certum iam alveo Rhenum quique terminus esse sufficiat Usipi ac Tencteri colunt. Tencteri super solitum bellorum decus equestris disciplinae arte praecellunt, nec maior apud Chattos peditum laus quam Tencteris equitum. Sic instituere maiores, posteri imitantur; hi lusus infantium, haec iuvenum aemulatio, perseverant senes. Inter familiam et penates et iura successionum equi traduntur: excipit filius, non, ut cetera, maximus natu, sed prout ferox bello et melior.

chen. Sehr vielen Chatten gefällt diese Tracht, und sie sind manchmal schon grau geworden unter diesem Schmuck, für Freund und Feind zugleich durch ihn gekennzeichnet. In allen Kampfhandlungen liegt der erste Anstoß bei ihnen, sie bilden immer die vorderste Linie und bieten einen schrecklichen Anblick; denn auch im Frieden mildern sie ihr Aussehen nicht durch eine gesittetere Lebensform. Keiner dieser Kämpfer hat Hof, Akker oder sonst etwas, dem seine Sorge gilt: sie werden von jedem, zu dem sie gerade kommen, nach Möglichkeit verpflegt – Verschwender fremder Habe, Verächter des Eigenbesitzes –, bis die Entkräftung des Alters sie zu so hartem Heldenleben unfähig macht.

32

In unmittelbarer Nähe der Chatten wohnen am Rhein, der nunmehr in sicherem Bette fließt und somit eine genügend sichere Grenze abgibt, die Usiper und Tenkterer. Über die gewöhnliche kriegerische Tüchtigkeit hinaus zeichnen sich die Tenkterer durch eine besondere Geschicklichkeit in der Reitkunst aus, und das Fußvolk ist bei den Chatten nicht berühmter als bei den Tenkterern die Reiter. So haben es die Vorfahren eingeführt, die Enkel ahmen es nach; dem Reiten gilt das Spiel der Kinder, dem Reiten der Ehrgeiz der jungen

XXXIII

Iuxta Tencteros Bructeri olim occurrebant; nunc Chamavos et Angrivarios immigrasse narratur pulsis Bructeris ac penitus excisis vicinarum consensu nationum, seu superbiae odio seu praedae dulcedine seu favore quodam erga nos deorum; nam ne spectaculo quidem proelii invidere. Super sexaginta milia non armis telisque Romanis, sed (quod magnificentius est) oblectationi oculisque ceciderunt. Maneat, quaeso, duretque gentibus, si non amor nostri, at certe odium sui, quando urgentibus imperii fatis nihil iam praestare fortuna maius potest quam hostium discordiam.

Männer, und selbst die Alten bleiben noch in der Übung. Neben Sklaven, Haus und Hof und vererbbaren Rechten werden die Pferde vererbt: ein Sohn empfängt sie – nicht, wie das übrige, der älteste, sondern ein anderer –, je nachdem wie er sich im Kriege durch ungestümen Heldenmut ausgezeichnet hat.

33

Neben den Tenkterern traf man einst auf die Brukterer; jetzt sollen die Chamaven und Angrivarier in ihr Gebiet eingewandert sein, nachdem die Brukterer vertrieben und durch ein gemeinsames Vorgehen der Nachbarstämme vollkommen ausgerottet worden sind. Vielleicht haßte man sie wegen ihres Hochmutes, oder die Beute lockte, oder die Götter waren uns irgendwie gewogen; denn sie haben uns nicht einmal das Schauspiel dieses Bruderkampfes vorenthalten. Mehr als sechzigtausend Germanen fielen nicht der gesammelten Kampfkraft der Römer zum Opfer, sondern – was noch großartiger ist – uns zur Augenweide. Möchte doch – so kann man nur wünschen – den fremden Völkern, wenn sie uns schon nicht lieben können, wenigstens der Haß untereinander auf die Dauer erhalten bleiben, da uns in diesen für das Reich schicksalsschweren Zeiten kein größeres Glück beschieden sein kann als die Zwietracht unserer Feinde.

XXXIV

Angrivarios et Chamavos a tergo Dulgubnii et Chasuarii cludunt aliaeque gentes haud perinde memoratae, a fronte Frisii excipiunt. Maioribus minoribusque Frisiis vocabulum est ex modo virium; utraeque nationes usque ad Oceanum Rheno praetexuntur ambiuntque immensos insuper lacus et Romanis classibus navigatos. Ipsum quin etiam Oceanum illa temptavimus; et superesse adhuc Herculis columnas fama vulgavit, sive adiit Hercules, seu, quicquid ubique magnificum est, in claritatem eius referre consensimus. Nec defuit audentia Druso Germanico, sed obstitit Oceanus in se simul atque in Herculem inquiri. Mox nemo temptavit, sanctiusque ac reverentius visum de actis deorum credere quam scire.

34

An die Angrivarier und Chamaven schließen sich im Osten die Dulgubnier und Chasuarier und andere Stämme an, die weniger bekannt sind; unmittelbar im Norden grenzen die Friesen an. Die großen und kleinen Friesen heißen so nach ihrem Kräfteverhältnis; beide Stämme zusammen werden bis zum Ozean hin vom Rhein umsäumt und umschließen [mit ihrem Wohngebiet] außerdem noch unermeßlich große Seen, die auch von römischen Flotten befahren worden sind. Ja, wir haben uns dort sogar auf das Weltmeer hinausgewagt, und ein weitverbreitetes Gerücht besagt, daß Säulen des Herkules noch vorhanden sind, mag nun Herkules selbst dort hingekommen sein oder es bei uns zur Übereinkunft geworden sein, alles Großartige irgendwo in der Welt auf diesen berühmten Helden zurückzuführen. An Wagemut hat es dem Drusus Germanicus [bei seinem Versuch, das Weltmeer zu befahren,] wahrlich nicht gefehlt, aber der Ozean hat sich dagegen verwahrt, daß man ihm und Herkules zugleich nachspürte. Dann hat niemand mehr den Versuch unternommen, und man hat es für frommer und ehrfurchtsvoller gehalten, an die Taten der Götter zu glauben, als von ihnen zu wissen.

XXXV

Hactenus in occidentem Germaniam novimus; in septentrionem ingenti flexu redit. Ac primo statim Chaucorum gens, quamquam incipiat a Frisiis ac partem litoris occupet, omnium, quas exposui, gentium lateribus obtenditur, donec in Chattos usque sinuetur. Tam immensum terrarum spatium non tenent tantum Chauci, sed et implent, populus inter Germanos nobilissimus, quique magnitudinem suam malit iustitia tueri: sine cupiditate, sine impotentia, quieti secretique nulla provocant bella, nullis raptibus aut latrociniis populantur. Id praecipuum virtutis ac virium argumentum est, quod, ut superiores agant, non per iniurias assequuntur; prompta tamen omnibus arma ac, si res poscat, exercitus, plurimum virorum equorumque; et quiescentibus eadem fama.

35

Soweit ist uns nun der westliche Teil Germaniens bekannt geworden; im Norden kehrt es erst nach einer gewaltigen Ausbuchtung wieder [zum Festland] zurück. Gleich an erster Stelle ist der Stamm der Chauken zu erwähnen. Obwohl er unmittelbar an die Friesen angrenzt und einen Teil der Küste einnimmt, ist er in der Flanke allen besprochenen Stämmen vorgelagert, bis er schließlich in einer Ausbuchtung bis in das Gebiet der Chatten reicht. Diesen ungeheuren Flächenraum haben die Chauken nicht nur im Besitz, sondern füllen ihn auch aus, der angesehenste Germanenstamm, der es vorzieht, sich seine Größe durch Gerechtigkeit zu erhalten. Frei von Habgier und Herrschsucht, leben sie in stiller Abgeschiedenheit, beschwören keinerlei Kriege herauf und verwüsten [fremdes Gebiet] nicht durch Raubzüge und Überfälle. Das ist der vornehmste Beweis ihrer Kraft und Stärke, daß sie ihre Überlegenheit nicht Gewalttaten verdanken; trotzdem haben alle die Waffen griffbereit liegen, und wenn es die Lage erfordert, steht ein gewaltiges Heeresaufgebot von Kriegern und Pferden bereit; und ihr Ruf ist nicht weniger geachtet, wenn sie Frieden halten.

XXXVI

In latere Chaucorum Chattorumque Cherusci nimiam ac marcentem diu pacem illacessiti nutrierunt; idque iucundius quam tutius fuit, quia inter impotentes et validos falso quiescas: ubi manu agitur, modestia ac probitas nomine superioris sunt. Ita, qui olim boni aequique Cherusci, nunc inertes ac stulti vocantur; Chattis victoribus fortuna in sapientiam cessit. Tracti ruina Cheruscorum et Fosi, contermina gens; adversarum rerum ex aequo socii sunt, cum in secundis minores fuissent.

XXXVII

Eundem Germaniae sinum proximi Oceano Cimbri tenent, parva nunc civitas, sed gloria ingens. Veterisque famae lata vestigia manent, utraque ripa castra ac spatia, quorum ambitu nunc quoque metiaris molem manusque gentis et tam magni exitus fidem. Sescentesimum et

36

Die Cherusker, die ostwärts neben den Chauken und Chatten wohnen, haben – von niemand zum Kampfe herausgefordert – allzulange in erschlaffendem Frieden dahingelebt; das hatte mehr Annehmlichkeiten als Sicherheit zur Folge, weil man, von unbeherrschten und starken Nachbarn umringt, sich nur einer trügerischen Ruhe hingibt: wo das Faustrecht gilt, sind Selbstbeherrschung und Redlichkeit Privileg des Überlegenen. So heißen die einst als trefflich und rechtschaffen gerühmten Cherusker jetzt Toren, die sich nicht zu helfen wissen; den siegreichen Chatten hat man ihr Waffenglück als höhere Weisheit ausgelegt. In den Zusammenbruch der Cherusker sind ihre Nachbarn, die Foser, mit hineingezogen worden; als Leidensgenossen sind sie jenen gleichgestellt, während sie in glücklichen Tagen nur eine untergeordnete Rolle gespielt hatten.

37

Dieselbe [halbinselartige] Ausbuchtung Germaniens bewohnen unmittelbar an der Küste des Ozeans die Kimbern: jetzt ein unbedeutender Stamm, aber ungewöhnlich berühmt [durch seine Geschichte]. Die Spuren seiner früheren Größe sind weithin noch erhalten;

quadragesimum annum urbs nostra agebat, cum primum Cimbrorum audita sunt arma Caecilio Metello et Papirio Carbone consulibus. Ex quo si ad alterum imperatoris Traiani consulatum computemus, ducenti ferme et decem anni colliguntur: tam diu Germania vincitur.

Medio tam longi aevi spatio multa invicem damna. Non Samnis, non Poeni, non Hispaniae Galliaeve, ne Parthi quidem saepius admonuere: quippe regno Arsacis acrior est Germanorum libertas. Quid enim aliud nobis quam caedem Crassi – amisso et ipse Pacoro – infra Ventidium deiectus Oriens obiecerit? At Germani Carbone et Cassio et Scauro Aurelio et Servilio Caepione Maximoque Mallio fusis vel captis quinque simul consulares exercitus populo Romano, Varum tresque cum eo legiones etiam Caesari abstulerunt; nec impune C. Marius in Italia, divus Iulius in Gallia, Drusus ac Nero et Germanicus in suis eos sedibus perculerunt. Mox ingentes C. Caesaris minae in ludibrium versae. Inde otium, donec occasione discordiae nostrae et civilium armorum expugnatis legionum hibernis etiam Gallias affectavere; ac rursus pulsi inde proximis temporibus triumphati magis quam victi sunt.

an beiden Ufern des Rheins liegen die weiträumigen Lagerplätze, an deren Umfang man heute noch die gewaltigen Menschenmassen und die Arbeitskraft dieses Stammes sowie die Glaubwürdigkeit [der Berichte] über eine so gewaltige Auswanderung ermessen kann. Sechshundertvierzig Jahre stand Rom, als man unter dem Konsulat des Cäcilius Metellus und Papirius Carbo zum ersten Male von den Waffentaten der Kimbern hörte. Wenn man von diesem Zeitpunkt bis zum zweiten Konsulat des Kaisers Trajan rechnet, dann ergeben sich etwa zweihundertzehn Jahre: so lange schon siegen wir über Germanien.

Im Verlaufe dieser langen Zeit hat es auf beiden Seiten viele Verluste gegeben. Aber weder die Samniter noch die Punier, weder die spanischen noch die gallischen Provinzen, ja nicht einmal die Parther haben sich uns häufiger in Erinnerung gebracht; denn tatkräftiger als die unumschränkte Herrschergewalt des Arsakes ist der Freiheitswille der Germanen. Denn was kann uns der Orient, dessen Niederwerfung selbst einem Manne wie Ventidius gelang – wobei der Osten doch auch den Pakoros verlor! –, anderes vorhalten als den Tod des Crassus? Aber die Germanen haben Carbo, Cassius, Scaurus Aurelius, Servilius Caepio und Maximus Mallius geschlagen oder gefangengenommen und dem römischen Volke im Verlaufe *eines* Krieges fünf konsularische Heere, dem Augustus selbst sogar Varus und mit ihm drei Le-

XXXVIII

Nunc de Suebis dicendum est, quorum non una, ut Chattorum Tencterorumve, gens; maiorem enim Germaniae partem obtinent, propriis adhuc nationibus nominibusque discreti, quamquam in commune Suebi vocentur. Insigne gentis obliquare crinem nodoque substringere: sic Suebi a ceteris Germanis, sic Sueborum ingenui a servis separantur. In aliis gentibus – seu cognatione aliqua Sueborum seu (quod sacpe accidit) imitatione – rarum et intra iuventae spatium, apud Suebos usque ad canitiem: horrentem capillum retorquent ac saepe in ipso vertice religant; principes et ornatiorem gionen entrissen; und nicht ungestraft hat sie G. Marius in Italien, der göttliche Julius in Gallien, Drusus, Nero und Germanicus in ihren eigenen Wohnsitzen niedergeworfen. Später wurden die ungeheuren Drohungen des Gajus Caligula zum Gespött. Seitdem ruhten die Waffen, bis die Germanen die Gelegenheit unserer inneren Zerrissenheit und des Bürgerkrieges wahrnahmen, die Winterlager der Legionen eroberten und auch nach den römischen Provinzen in Gallien die Hände ausstreckten; man hat sie zwar dann wieder von dort zurückgedrängt, aber noch in jüngster Zeit mehr Triumphe über sie gefeiert als sie wirklich besiegt.

38

Jetzt wäre von den Sueben zu sprechen, die nicht einen einheitlichen Stamm bilden wie die Chatten oder die Tenkterer; sie haben nämlich einen ziemlich großen Teil Germaniens inne, in dem noch heute selbständige Einzelstämme mit verschiedenen Namen wohnen, obwohl man sie insgesamt Sueben nennt. Es ist ein besonderes Kennzeichen des Stammes, das Haar schräg nach hinten zu kämmen und in einem Knoten hochzubinden: darin unterscheiden sich die Sueben von den übrigen Germanen, darin die freien Sueben von den Sklaven. Was man auch bei anderen Stämmen findet – vielleicht auf Grund habent. Ea cura formae, sed innoxia; neque enim ut ament amenturve, in altitudinem quandam et terrorem adituri bella compti hostium oculis armantur.

XXXIX

Vetustissimos se nobilissimosque Sueborum Semnones memorant; fides antiquitatis religione firmatur. Stato tempore in silvans auguriis patrum et prisca formidine sacram omnes eiusdem sanguinis populi legationibus coëunt caesoque publice homine celebrant barbari ritus horrenda primordia. Est et alia luco reverentia: nemo nisi vinculo ligatus ingreditur, ut minor et potestatem numinis prae se ferens. Si forte prolapsus est, attolli et insurgere haud licitum: per humum evolvuntur. Eoque omnis superstitio respicit, tamquam inde initia gentis, von verwandtschaftlichen Beziehungen zu den Sueben oder [was ziemlich häufig vorkommt] infolge Nachahmung –, aber nur selten und dann nur in jugendlichem Alter, das beobachtet man bei den Sueben, bis sie grau werden: sie kämmen das widerspenstige Haar nach hinten und binden es oft genau auf dem Scheitel in einem Knoten hoch; die Führer haben eine noch kunstvollere Haartracht. Das ist zwar eine [gewisse] Eitelkeit, aber eine unschuldige; denn nicht um zu lieben oder geliebt zu werden, handeln sie so: sie wappnen sich mit diesem Schmuck ja für die Augen ihrer Feinde, um irgendwie größer und schrecklicher auszusehen, wenn sie in den Kampf ziehen.

39

Als die ältesten und edelsten Sueben bezeichnen sich die Semnonen; ihr hohes Alter wird durch einen religiösen Brauch sicher beglaubigt. Zu bestimmter Zeit treffen sie sich in einem Hain, der durch Weihen der Väter und uralte fromme Scheu geheiligt ist: alle Teilstämme aus gleichem Blute schicken Abordnungen, und dann feiern sie nach der Opferung eines Menschen von Staats wegen die schaurigen Weihen ihres rohen Kultes. Man erweist dem Hain seine Ehrfurcht auch noch in anderer Weise: nur in Fesseln darf man ihn betreten, ibi regnator omnium deus, cetera subiecta atque parentia. Adicit auctoritatem fortuna Semnonum: centum pagi iis habitantur, magnoque corpore efficitur, ut se Sueborum caput credant.

XL

Contra Langobardos paucitas nobilitat: plurimis ac valentissimis nationibus cincti non per obsequium, sed proeliis ac periclitando tuti sunt. Reudigni deinde et Aviones et Anglii et Varini et Eudoses et Suardones et Nuithones fluminibus aut silvis muniuntur. Nec quicquam notabile in singulis, nisi quod in commune Nerthum, id est Terram matrem, colunt eamque intervenire rebus hominum, invehi populis arbitrantur.
Est in insula Oceani castum nemus dicatumque in eo

gleichsam als ein Untergebener, der die Macht der Gottheit so sichtlich bekundet. Strauchelt man durch irgendeinen Zufall, dann darf man sich nicht aufheben lassen und aufstehen: auf dem Erdboden wälzt man sich [aus dem Hain] hinaus. Dieser ganze Aberglaube geht auf die Vorstellung zurück, daß von diesem Hain das Volk seinen Ausgang genommen habe, daß dort der Gott wohne, der über alles herrsche, und daß alles sonst ihm unterworfen und zu Gehorsam verpflichtet sei. Das Ansehen der Semnonen wird durch ihre machtvolle Stellung noch gesteigert; in hundert Gauen wohnen sie, und die große einheitliche Masse trägt entscheidend dazu bei, daß sie sich für den Hauptstamm der Sueben halten.

40

Im Gegensatz dazu adelt die Langobarden ihre geringe Zahl. Von vielen sehr starken Stämmen rings umgeben, sind sie nicht durch Unterwerfung, sondern durch Kampf und Wagemut gesichert. Dann folgen die Reudigner, Avionen, Angeln, Variner, Eudosen, Suardonen und Nuithonen, die durch Flüsse oder Wälder geschützt sind. Bei den einzelnen Stämmen ist nichts Besonderes zu vermerken, abgesehen davon, daß sie gemeinsam die Nerthus – das ist die Mutter Erde – verehren und glauvehiculum, veste contectum; attingere uni sacerdoti concessum. Is adesse penetrali deam intellegit vectamque bubus feminis multa cum veneratione prosequitur. Laeti tunc dies, festa loca, quaecumque adventu hospitioque dignatur. Non bella ineunt, non arma sumunt, clausum omne ferrum; pax et quies tunc tantum nota, tunc tantum amata, donec idem sacerdos satiatam conversatione mortalium deam templo reddat. Mox vehiculum et vestis et, si credere velis, numen ipsum secreto lacu abluitur. Servi ministrant, quos statim idem lacus haurit. Arcanus hinc terror sanctaque ignorantia, quid sit illud, quod tantum perituri vident.

ben, sie nehme an dem Leben der Menschen teil und komme zu den Stämmen gefahren.
Auf einer Insel im Ozean steht ein heiliger Hain, und in ihm befindet sich, mit einem Tuche zugedeckt, ein geweihter Wagen; nur der Priester darf ihn berühren. Er merkt es, wenn sich die Göttin in den Heiligtum eingefunden hat, und geleitet sie unter vielen Ehrenbezeugungen, wenn sie – von Kühen gezogen – [durch das Land fährt]. Dann gibt es Freudentage, und festlich geschmückt sind alle Stätten, die die Göttin ihres Besuches und ihres Aufenthaltes würdigt. Man zieht dann nicht in den Krieg, ergreift die Waffen nicht, sicher verwahrt liegt alles Eisen. Frieden und Ruhe kennt und liebt man freilich nur dann und nur so lange, bis derselbe Priester die Göttin, die des Umgangs mit den Sterblichen müde geworden ist, ihrem heiligen Bezirk wieder zurückgibt. Dann werden Wagen und Decke und, wenn man dem Glauben schenken will, die Gottheit selbst in einem versteckt gelegenen See abgewaschen. Hilfsdienste leisten dabei Sklaven, die alsbald derselbe See verschlingt. Ein geheimer Schauder umgibt daher den Brauch und eine heilige Scheu, zu erkunden, was das wohl sein mag, was nur Todgeweihte zu Gesicht bekommen.

XLI

Et haec quidem pars Sueborum in secretiora Germaniae porrigitur. Propior – ut, quomodo paulo ante Rhenum, sic nunc Danuvium sequar – Hermundurorum civitas, fida Romanis; eoque solis Germanorum non in ripa commercium, sed penitus atque in splendidissima Raetiae provinciae colonia. Passim et sine custode transeunt; et cum ceteris gentibus arma modo castraque nostra ostendamus, his domos villasque patefecimus non concupiscentibus. In Hermunduris Albis oritur, flumen inclutum et notum olim; nunc tantum auditur.

XLII

Iuxta Hermunduros Naristi ac deinde Marcomani et Quadi agunt. Praecipua Marcomanorum gloria viresque, atque ipsa etiam sedes pulsis olim Boiis virtute parta. Nec Naristi Quadive degenerant. Eaque Germaniae velut frons est, quatenus Danuvio peragitur. Marcoma-

41

Dieser Teil des suebischen Gebietes zieht sich weit bis in die entlegeneren Gegenden Germaniens hinein. Uns näher wohnt, um, wie eben dem Lauf des Rheins, so jetzt dem der Donau zu folgen, der Stamm der Hermunduren, der den Römern treu ergeben ist. Deshalb gewahren wir ihnen als einzigen Germanen Handelsrecht nicht nur am [rechten] Donauufer, sondern auch tief im Innern des Landes und sogar in der blühenden Hauptstadt der rätischen Provinz. Überall dürfen sie ohne Wachen über die Grenze, und während wir den übrigen Stämmen nur unsere Waffen und Lager zeigen, haben wir ihnen, ohne daß sie es gewünscht hätten, unsere Häuser und Gutshöfe geöffnet. Im Gebiet der Hermunduren entspringt die Elbe, einst ein hochberühmter und wohlbekannter Fluß; jetzt kennt man ihn nur vom Hörensagen.

42

Neben den Hermunduren leben [donauabwärts] die Narister und anschließend [weiter östlich] die Markomannen und Quaden. Die Markomannen haben einen besonderen Ruf und eine überragende Machtstellung, und auch ihr Siedlungsgebiet selbst, aus dem sie einst nis Quadisque usque ad flostram memoriam reges manserunt ex gente ipsorum, nobile Marobodui et Tudri genus. Iam et externos patiuntur, sed vis et potentia regibus ex auctoritate Romana. Raro armis nostris, saepius pecunia iuvantur; nec minus valent.

XLIII

Retro Marsigni, Cotini, Osi, Buri terga Marcomanorum Quadorumque claudunt. E quibus Marsigni et Buri sermone cultuque Suebos referunt; Cotinos Gallica, Osos Pannonica lingua coarguit non esse Germanos, et quod tributa patiuntur. Partem tributorum Sarmatae, partem Quadi ut alienigenis imponunt; Cotini, quo magis pudeat, et ferrum effodiunt.

Omnesque hi populi pauca campestrium, ceterum saltus et vertices montium insederunt. Dirimit enim scinditque Suebiam continuum montium iugum, ultra quod plunimae gentes agunt, ex quibus latissime patet Lugiorum nomen in plures civitates diffusum. Valentisdie Bojer vertrieben, verdanken sie ihrer Tapferkeit. Auch die Narister und Quaden sind nicht aus der Art geschlagen. Das ist gleichsam die Stirnseite Germaniens, soweit sie durch die Donau gebildet wird. Bei Markomannen und Quaden hat es bis an die Schwelle unserer Zeit Könige aus dem eigenen Volke gegeben: das berühmte Geschlecht des Marbod und Tuder. Jetzt lassen sie sich auch fremde Könige gefallen, aber Amt und Macht verdanken diese der Bestätigung Roms. Selten unterstützen wir sie mit unseren Waffen, häufiger mit Geld, und sie sind darum nicht weniger stark.

43

Nach rückwärts schließen sich an die Markomannen und Quaden im Norden und Osten die Marsigner, Kotiner, Oser und Burer an. Von ihnen erweisen sich die Marsigner und Burer nach Sprache und Lebensweise als Sueben; bei den Kotinern beweist die gallische, bei den Osern die pannonische Sprache, daß sie keine Germanen sind, außerdem die Tatsache, daß sie sich Tribute gefallen lassen. Einen Teil der Abgaben erlegen ihnen als Fremden die Sarmaten, einen Teil die Quaden auf; die Kotiner sollten sich um so mehr schämen, als sie sogar selbst Eisen graben!

Alle diese Stämme haben nur wenig ebenes Gelände,

simas nominasse sufficiet: Harios, Helveconas, Manimos, Helisios, Nahanarvalos.

Apud Nahanarvalos antiquae religionis lucus ostenditur: praesidet sacerdos muliebri ornatu, sed deos interpretatione Romana Castorem Pollucemque memorant. Ea vis numini, nomen Alcis. Nulla simulacra, nullum peregrinae superstitionis vestigium; ut fratres tamen, ut iuvenes venerantur.

Ceterum Harii super vires, quibus enumeratos paulo ante populos antecedunt, truces insitae feritati arte ac tempore lenocinantur: nigra scuta, tincta corpora; astras ad proelia noctes legunt ipsaque formidine atque umbra feralis exercitus terrorem inferunt, nullo hostium sustinente novum ac velut infernum aspectum; nam primi in omnibus proeliis oculi vincuntur.

sonst vorwiegend bewaldete Höhen und Berggipfel in Besitz genommen. Das suebische Land wird nämlich durch einen fortlaufenden Höhenzug getrennt und durchschnitten; jenseits dieses Höhenzuges wohnt noch eine ganze Zahl von Stämmen, unter denen der Name, des Lugierstammes, der selbst wieder in mehrere Einzelstämme zerfällt, den weitesten Geltungsbereich hat. Es wird genügen, die mächtigsten Stämme zu nennen: die Harier, Helvekonen, Manimer, Helisier und Nahanarvalen.

Bei den Nahanarvalen zeigt man noch einen seit alter Zeit verehrten Hain. Ihn betreut ein Priester in weiblicher Tracht, aber die Gottheiten deutet man nach römischer Art als Kastor und Pollux. Das entspricht dem Wesen der Gottheit, ihr Name ist »Alci[s]«. Bilder von ihnen gibt es nicht, es ist auch keine Spur dafür zu entdecken, daß der Glaube fremden Ursprungs ist; jedenfalls verehrt man sie wie Brüder, wie Jünglinge.

Übrigens steigern die an sich schon schrecklichen Harier über die Kräfte hinaus, durch die sie die eben erwähnten Völker überragen, ihre angeborene Wildheit noch durch geschickt angewendete äußere Mittel und die Wahl der Angriffszeit: ihre Schilde sind schwarz, ihre Leiber bemalt; finstere Nächte wählen sie zum Kampf, und schon durch den grauenvollen und düsteren Anblick eines »Gespensterzuges« verbreiten sie Schrecken, kein Feind hält den überraschenden, bei-

XLIV

Trans Lugios Gotones regnantur, paulo iam adductius quam ceterae Germanorum gentes, nondum tamen supra libertatem. Protinus deinde ab Oceano Rugii et Lemovii, omniumque harum gentium insigne rotunda scuta, breves gladii et erga reges obsequium.
Suionum hinc civitates – ipsae in Oceano – praeter viros armaque classibus valent. Forma navium eo differt, quod utrimque prora paratam semper appulsui frontem agit. Nec velis ministrant nec remos in ordinem lateribus adiungunt; solutum, ut in quibusdam fluminum, et mutabile, ut res poscit, hinc vel illinc remigium. Est apud illos et opibus honos, eoque unus imperitat, nullis iam exceptionibus, non precario iure parendi. Nec arma, ut apud ceteros Germanos, in promiscuo, sed clausa sub custode, et quidem servo, quia subitos hostium incursus prohibet Oceanus, otiosae porro armatorum manus facile lasciviunt: enimvero neque nobilem neque ingenuum, ne libertinum quidem armis praeponere regia utilitas est.

nahe höllischen Anblick aus; denn in allen Kämpfen erliegen zuerst die Augen.

44

Jenseits [nördlich] von den Lugiern sitzen die Goten, von einem König beherrscht. Sie stehen schon unter etwas strafferer Führung als die übrigen Germanenstämme, haben aber ihre Freiheit immerhin noch nicht ganz eingebüßt. Ihnen folgen dann unmittelbar an der Ostsee die Rugier und Lemovier; Kennzeichen aller dieser Stämme sind runde Schilde, kurze Schwerter und Gehorsam gegen ihre Könige.

Hier schließen sich – auf einer Insel der Ostsee für sich lebend – die Stämme der Suionen an, deren Stärke außer auf ihren Kämpfern und Waffen auf ihrer Flotte beruht. Der Bau ihrer Schiffe weicht [von dem unsrigen] insofern ab, als sie vorn und hinten einen Bug und dadurch immer einen zum Landen geeigneten Vorderteil haben. Die Suionen bedienen weder Segel, noch binden sie die Ruder an den Schiffsseiten reihenweise fest. Das Ruderwerk ist vielmehr, wie man es manchmal auf Flüssen beobachten kann, frei beweglich [in Tauringen] angebracht und, je nach den Erfordernissen der Fahrt, auf die eine oder andere Richtung umzustellen. Bei ihnen genießt auch der Reichtum großes Ansehen, und

XLV

Trans Suionas aliud mare, pigrum ac prope immotum, quo cingi cludique terrarum orbem hinc fides, quod extremus cadentis iam solis fulgor in ortus edurat adeo clarus, ut sidera hebetet; sonum insuper emergentis audiri formasque equorum et radios capitis aspici persuasio adicit. Illuc usque – et fama vera – tantum natura.

Ergo iam dextro Suebici mans litore Aestiorum gentes alluuntur, quibus ritus habitusque Sueborum, lingua Britannicae propior. Matrem deum venerantur. Insigne superstitionis formas aprorum gestant: id pro armis darum gebietet nur einer, nunmehr ohne alle Einschränkungen und ohne sich das Recht auf Gehorsam erst erbitten zu müssen. Auch die Waffen stehen hier nicht wie bei den übrigen Germanen allen immer zu freier Verfügung, sondern weggeschlossen unter der Obhut eines Wächters, und zwar eines Sklaven, weil das Meer plötzliche feindliche Einfälle unmöglich macht, außerdem müßige Hände mit den Waffen nur zu leicht Unheil anrichten; es ist ja auch der wohlverstandene Vorteil des Königs, weder einen Edlen noch einen Freigeborenen, ja nicht einmal einen Freigelassenen als Hüter über die Waffen zu setzen.

45

Jenseits [nördlich] von den Suionen liegt noch ein anderes Meer, träge und beinahe ohne Bewegung. Daß dieses Meer den Erdkreis abrundet und abschließt, wird dadurch glaubhaft, daß der letzte Schein der bereits hinabtauchenden Sonne bis zum Sonnenaufgang in solcher Helligkeit anhält, daß er die Sterne überstrahlt; außerdem – so fügt der Volksglaube hinzu – hört man den Klang der auftauchenden Sonne und sieht Umrisse von Pferden und das strahlenumkränzte Haupt [des Sonnengottes]. Nur bis dahin geht – und das darf man glauben – die Welt.

omniumque tutela securum deae cultorem etiam inter hostes praestat. Rarus ferri, frequens fustium usus; frumenta ceterosque fructus patientius quam pro solita Germanorum inertia laborant. Sed et mare scrutantur, ac soli omnium sucinum, quod ipsi glesum vocant, inter vada atque in ipso litore legunt. Nec quae natura quaeve ratio gignat, ut barbaris, quaesitum compertumve; diu quin etiam inter cetera eiectamenta maris iacebat, donec luxuria nostra dedit nomen. Ipsis in nullo usu: rude legitur, informe perfertur, pretiumque mirantes accipiunt. Sucum tamen arborum esse intellegas, quia terrena quaedam atque etiam volucria animalia plerumque interlucent, quae implicata humore mox durescente materia cluduntur. Fecundiora igitur nemora lucosque sicut Orientis secretis, ubi tura balsamaque sudantur, ita Occidentis insulis terrisque messe crediderim, quae vicini solis radiis expressa atque liquentia in proximum mare labuntur ac vi tempestatum in adversa litora exundant. Si naturam sucini admoto igni temptes, in modum taedae accenditur alitque flammam pinguem et olentem; mox ut in picem resinamve lentescit.

Suionibus Sithonum gentes continuantur. Cetera similes uno differunt, quod femina dominatur: in tantum non modo a libertate, sed etiam a servitute degenerant.

An der Ostküste bespült das suebische Meer also nun die Stämme der Ästier, die in Sitte und äußerer Erscheinung den Sueben gleichen, deren Sprache jedoch der britannischen näher steht. Sie verehren die Göttermutter. Als Glaubenssymbol tragen sie Nachbildungen von Ebern: dies Zeichen macht den Verehrer der Göttin an Stelle von Waffen und als Schutz gegen alles selbst inmitten von Feinden gefeit. Selten verwenden sie Eisenwaffen, häufiger schon Knüppel; Getreide und andere Feldfrüchte bauen sie mit größerer Ausdauer an, als es der üblichen Trägheit der Germanen entspricht. Aber auch das Meer durchsuchen sie, und sie sind die einzigen von allen Germanen, die den Bernstein, den sie selbst »glesum« nennen, im Umkreis seichter Stellen und am Strande selbst sammeln. Woraus er besteht oder wie er entsteht, das haben sie, wie das bei Barbaren nicht anders zu erwarten ist, weder zu wissen verlangt noch in Erfahrung gebracht; ja, er lag sogar lange Zeit [unbeachtet] zwischen dem sonstigen Auswurf des Meeres, bis ihm unser Schmuckbedürfnis seine Bedeutung verlieh. Sie selbst verwenden ihn überhaupt nicht: roh [wie er anfällt,] wird er aufgelesen, unverarbeitet in den Handel gebracht, und staunend nehmen sie den Kaufpreis entgegen. Daß es sich jedoch um Baumharz handelt, sieht man leicht, weil sehr oft allerlei auf der Erde kriechende und selbst umherfliegende kleine Tiere durch die Bernsteinmasse schimmern; sie verfingen sich in dem

noch flüssigen Harz und sind nun, nachdem es sich zu festem Stoffe verhärtete, darin eingeschlossen. Ich möchte also meinen, daß ebenso wie in den entlegeneren Gegenden des Orients, wo Weihrauch und Balsam [von Bäumen] ausgeschieden werden, es auch auf den Inseln und in den Ländern des Okzidents besonders ergiebige Waldungen und Haine gibt, deren Absonderungen durch die Strahlen der benachbarten Sonne herausgezogen werden, in klarflüssigem Zustande in das nahe gelegene Meer rinnen und durch gewaltige Stürme an die uns gegenüberliegende Küste angeschwemmt werden. Prüft man den Bernstein auf seine Zusammensetzung, indem man ihn mit Feuer in Berührung bringt, dann brennt er wie Kienspan und ergibt eine qualmige und stark duftende Flamme; dann erstarrt er zu einer zähen pech- oder harzähnlichen Masse.
An die Suionen schließen sich die Sithonenstämme an. In allen übrigen Beziehungen gleichen sie jenen; nur in dem einen Punkte weichen sie [von ihnen] ab, daß eine Frau über sie herrscht: so weit sind sie nicht nur unter die Stufe eines freien Volkes, sondern sogar unter die eines versklavten gesunken.

XLVI

Hic Suebiae finis. Peucinorum Venethorumque et Fennorum nationes Germanis an Sarmatis ascribam, dubito, quamquam Peucini, quos quidam Bastarnas vocant, sermone, cultu, sede ac domiciliis ut Germani agunt. Sordes omnium ac torpor procerum; conubiis mixtis nonnihil in Sarmatarum habitum foedantur. Venethi multum ex moribus traxerunt; nam quidquid inter Peucinos Fennosque silvarum ac montium erigitur, latrociniis pererrant. Hi tamen inter Germanos potius referuntur, quia et domos figunt et scuta gestant et pedum usu ac pernicitate gaudent; quae omnia diversa Sarmatis sunt in plaustro equoque viventibus.

Fennis mira feritas, foeda paupertas: non arma, non equi, non penates; victui herba, vestitui pelles, cubile humus; sola in sagittis spes, quas inopia ferri ossibus asperant. Idemque venatus viros pariter ac feminas alit; passim enim comitantur partemque praedae petunt. Nec aliud infantibus ferarum imbriumque suffugium, quam ut in aliquo ramorum nexu contegantur: huc redeunt iuvenes, hoc senum receptaculum. Sed beatius arbitrantur quam ingemere agris, illaborare domibus, suas alienasque fortunas spe metuque versare: securi adversus homines, securi adversus deos rem difficillimam assecuti sunt, ut illis ne voto quidem opus esset.

Cetera iam fabulosa: Hellusios et Oxionas ora hominum

46

Hier ist das Land der Sueben zu Ende. Ob ich die Stämme der Peukiner, Venether und Fennen zu den Germanen oder Sarmaten rechnen soll, weiß ich nicht recht, wenn auch die Peukiner, die manche auch Bastarner nennen, sich in Sprache, Lebensform, Siedlungs- und Wohnweise wie Germanen verhalten. Alle sind schmutzig und auch die Vornehmen stumpfsinnig und träge; durch Mischehen sind sie in mancher Beziehung zur äußeren Erscheinung von Sarmaten entartet. Die Venether haben viel von deren Sitten angenommen; denn sie durchstreifen das ganze Wald- und Bergland zwischen Peukinern und Fennen in Raubzügen. Man wird sie trotzdem eher zu den Germanen rechnen, weil sie feste Häuser bauen, Schilde tragen und an der Geübtheit und Schnelligkeit ihrer Füße ihre Freude haben; das alles trennt sie von den Sarmaten, die auf ihren Wagen und Pferden leben.

Die Tierähnlichkeit der Fennen ist erstaunlich, ihre Armut abschreckend. Sie haben keine Waffen, keine Pferde, kein Haus. Ihre Nahrung besteht aus Kräutern, die Kleidung aus Tierhäuten, ihre Lagerstätte ist der Erdboden; ihre einzige Hoffnung sind die Pfeile, die sie aus Mangel an Eisen mit spitzen Knochen versehen. Dieselbe Jagd gibt Männern und Frauen in gleicher Weise ihren Lebensunterhalt; denn die Frauen kommen überall vultusque, corpora atque artus ferarum gerere; quod ego ut incompertum in medium relinquam.

mit hin und beanspruchen ihren Anteil an der [gemeinsam erlegten] Beute. Auch die kleinen Kinder haben keine andere Zufluchtsstätte vor wilden Tieren und vor dem Regen als den Unterschlupf unter irgendein Geflecht von Zweigen: hierhin kehren die jungen Männer zurück, das ist auch das Asyl der Greise. Aber sie meinen, man sei glücklicher [bei alledem], als wenn man über schwerer Ackerarbeit seufze, mühsam Häuser baue, eigenes und fremdes Hab und Gut in Furcht und Hoffnung umzusetzen [Handel zu treiben] suche: ohne sich um die Menschen, ohne sich um die Götter zu kümmern, haben sie das Schwerste erreicht: wunschlos zufrieden zu sein.

Das übrige gehört schon mehr in den Bereich der Fabel: daß die Hellusier und Oxioner Mund und Gesicht wie Menschen haben, Rumpf und Gliedmaßen dagegen wie wilde Tiere; das will ich als unerforschte Angabe dahingestellt sein lassen.

ERLÄUTERUNGEN

1

»Germanien in seiner gesamten Ausdehnung« heißt das *freie* Germanien im Gegensatz zu den unter römischer Oberhoheit stehenden linksrheinischen Provinzen Germania superior und Germania inferior.
Der von Tacitus als Einheit empfundene Raum grenzt im Süden an die römischen Provinzen Rätien (Ostschweiz, Tirol und die schwäbisch bayrische Hochebene) und Pannonien (vom Wiener Wald ostwärts bis zum Donauknie, südlich bis über die Save); dabei sind die Provinzen Vindelizien und Norikum nicht erwähnt, aber mit gemeint (Vindelizien nördlich der Räter, Norikum zwischen Rätern und Vindeliziern einerseits und Pannoniern andererseits). Die Gallier, d. h. die linksrheinischen Keltenstämme, bilden die Westgrenze. Die Grenze im Südosten wird durch die Sarmaten (in der Theißebene) und Daker (im Osten der Theiß bis zum Schwarzen Meer) bezeichnet; mit der »beiderseitigen Furcht« wird wahrscheinlich auf die Ödstrecken angespielt, die zwischen den genannten Völkern und den Germanen als Grenzscheide lagen; die Berge sind die Karpaten. Im Norden Germaniens liegen – mit lati sinus und insulae bezeichnet – Jütland, Skandinavien (das man für eine Insel hielt) und die dänischen Inseln; im Jahre 5 u. Z. fuhr der spätere Kaiser Tiberius bis ins Kattegat.

Von den Rheinquellen gibt Tacitus nur eine, wahrscheinlich die des Hinterrheins, an; auch die Kennzeichnung des Rheinlaufes ist ungenau. (Vom Rheinknie bei Basel ist nicht die Rede; mit der »mäßigen Krümmung« meint er offenbar die Krümmung des Niederrheins.) Der Schwarzwald, an dessen östliche Verflachung (Rauhe Alb) gedacht ist, hat denselben Namen wie eine auch inschriftlich bekannte keltische Waldgöttin: Abnoba; die Donau erzwingt nach Tacitus den Durchbruch ins Schwarze Meer mit Gewalt wie ein persönliches Wesen: sachlich trifft diese poetische Vorstellung nicht zu.

2

Die Germanen sind um 750 v. u. Z. im Raume von Skandinavien, der Ostseeküste von der Weichsel bis zur Kieler Bucht und westwärts bis zur Ems historisch faßbar.

Die (nach Tacitus gemeingermanische) Ursprungssage ist schon urindoeuropäisch, wie sich aus verwandten Vorstellungen bei anderen indoeuropäischen Völkern ergibt: von der Mutter Erde stammt der »zweigeschlechtige« Tuisto (verwandt mit »Zwitter«), von diesem der »Mensch« (= Mannus). Auch der Gedanke, Volksstämme durch Zurückführung auf eine Geschlechtstafel zu begründen, ist indoeuropäisches Gemeingut; bei den genannten »Stämmen« handelt es sich in Wahrheit um westgermanische Kultverbände: die Ingävonen sitzen an der Nordsee, die Irminonen an Ober- und Mittelelbe, die Istävonen zwischen Rhein und Weser.

Römische Forscher setzen an ihre Stelle eine größere Zahl von Göttersöhnen und Stammesnamen; danach wären zu unterscheiden: die Marser zwischen oberer Lippe und oberer Ruhr, die Gambrivier, wahrscheinlich ein rechts des Rheines zurückgebliebener Rest der Sugambrer (diese wurden auf linksrheinischem Gebiet angesiedelt), die Sueben (Sammelname für ostelbische Stämme) und die Vandilier zwischen dem mittleren Lauf von Oder und Weichsel.

Der Name Germanien (etymologisch noch nicht sicher gedeutet) ist nach Tacitus erst in jüngerer Zeit (Much setzt die Bezeichnung »Germanen« schon für das letzte Drittel des 3. Jahrhunderts v. u. Z. voraus) von einem Einzelstamm auf die Gesamtheit übertragen worden, in der Weise, wie uns die Franzosen nach den Alemannen Allemands nennen. Die Tungrer (in der Nähe des heutigen Tongern) sind Nachkommen der von Cäsar erwähnten, zu seiner Zeit insgesamt als »Germanen« bezeichneten linksrheinischen Stämme der Kondruser, Eburonen, Käröser und Pämanen. Tacitus denkt offenbar nur an die Eburonen als den bedeutendsten der genannten Stämme; auf die Eburonen wäre demnach die Ausbreitung des Namens »Germanen« zurückzuführen.

3

Daß Herkules auf seinen Wanderungen (wie im zweiten Teile des Kapitels Odysseus auf seinen Irrfahrten) nach Germanien gekommen sei, ist natürlich Mythos; die Schlachtgesänge bezogen sich entweder auf Donar oder (wie Much annimmt) auf eine Urform Siegfrieds, die man mit Herkules gleichsetzte. Daß barditus mit altnordisch bardhi = Schild oder mit dem Bartruf Donars (der in seinen Bart bläst, wenn er Unwetter schickt) zusammenhängt, ist unwahrscheinlich; mit dem »Bardengesang« hat er nichts zu tun. Much vermutet, daß es sich vielleicht nur um einen schallnachahmenden Ausdruck handelt.
Asciburgium (d. h. Eschenberg), in der Nähe des heutigen Asberg an der Mündung der Ruhr, war römischer Militärstützpunkt und schon in alter Zeit Handelsplatz; die Gründung durch Odysseus gehört natürlich in den Bereich der Fabel, ebenso die (nach Sitte der Antike angenommene) Errichtung eines Denksteines. Die als Zeugnis angeführten griechischen Grabinschriften sind wahrscheinlich keltischen Ursprungs; die Kelten benutzten lediglich die griechischen Schriftzeichen.

4

Die äußeren Merkmale der Germanen, die Tacitus angibt, werden durch Gräberfunde bestätigt. Den »trotzigen« Blick lernten die Römer wohl vor allem im Kampfe kennen; als helläugig und scharfäugig werden aber die Adligen in nordischen Quellen ganz allgemein bezeichnet. Von den erwähnten seelischen Eigenschaften ist die Einschränkung (geringe Ausdauer) eine in der antiken Völkerkunde geläufige Kennzeichnung *jugendlicher* Völker; der Schlußsatz beruht z. T. auf Erfahrungen, die man mit germanischen Gefangenen in Italien gemacht hatte.

5

Die – sachlich unzutreffende – Schilderung der germanischen Landschaft entspricht der Abneigung des klimatisch verwöhnten Südländers gegen den schaurigen Norden. Richtig ist, daß die Obstveredlung *allgemein* erst von den Römern übernommen wurde; die Behauptung des Tacitus ist übertrieben. Dem Südländer erschienen die Hörner des germanischen Zugviehs begreiflicherweise weniger ansehnlich; der Rückschluß des Tacitus auf die Gleichgültigkeit der Germanen gegen die Qualität ihres Viehbestandes ist unbegründet.

Die persönliche Skepsis des Tacitus über den Wert der Edelmetalle ist beachtenswert, seine Darstellung jedoch unzutreffend. In den »Annalen« (11, 20) spricht Tacitus selbst von (römischen) Silberbergwerken auf germanischem Boden. Daß die Germanen Tongefäße in künstlerischer Ausführung neben silbernen schätzten, entsprach dem Wert der auf uralter Tradition beruhenden einheimischen Werkarbeit.
Handelsverkehr und Zahlungsmittel hat es in Germanien seit alter Zeit gegeben; die Einschränkung auf den römisch-germanischen Grenzverkehr ist unzutreffend. Die Silbermünzen mit gezähntem Rand und mit Aufprägung eines von der Siegesgöttin oder anderen Göttinnen geführten Zweigespanns gehören der ersten Hälfte des ersten Jahrhunderts v. u. Z. an; die Germanen berücksichtigten offensichtlich die seither eingetretene Münzverschlechterung.

6

Tatsächlich wurde Eisen zu Waffen für römische Begriffe nur sparsam verwendet. Die Framen haben Schäfte aus Eschenholz und schmale, kurze Eisenspitzen; das Wort »Frame« hat sich in der Überlieferung anscheinend bald verloren. Der Schild war bei den Westgermanen eckig, bei den Ostgermanen rund, meist aus dünnen Brettern von Eschen-, Erlen- oder Ahornholz gearbeitet, manchmal mit Bronze und Eisen eingefaßt und mit einem Schildbuckel versehen. Auch die Bekleidung der Germanen zeigt, daß sie vorwiegend auf den Angriff eingestellt waten (vgl. Kap. 4: tantum ad impetum valida); aus dem gleichen Grunde fehlen Helme und Panzer.

In der Beurteilung der germanischen Reiterei ist Tacitus in römischen Anschauungen befangen und ungenügend unterrichtet. Das Fehlen von »Turnierübungen« besagt nichts über ihre Kampfkraft, von der Cäsar viel zutreffender zu berichten wußte; die Linksschwenkung unterließ man aus taktischen Gründen (ungedeckte Seite dem Feinde zugekehrt). Die Beschränkung auf Schild und Frame trifft nicht auf alle germanischen Reiter zu.

Den aus Fußvolk und Reiterei gemischten Verband und die kombinierte Kampfesweise beschreibt auch Cäsar (Bell. Gall. 1,48), der gleichfalls hervorhebt, daß die Schnelligkeit der Kämpfer zu Fuß, die sich an den Mähnen der Pferde im Laufe festhalten, der der Pferde entspricht. Daß die ausgesuchten Kämpfer zu Fuß »Hundertschaft« heißen, scheint eine Verwechslung zu sein. Unter einer Hundertschaft verstand man im allgemeinen ein von etwa hundert Familien gestelltes Aufgebot (das Heer war nach Sippenverbänden gegliedert), aus dem man vielleicht die Geeignetsten

für die kombinierte Kampfesweise auswählte. Möglicherweise ist die Bezeichnung Hundertschaft aber auch ursprünglich von dem Reitertrupp gebraucht worden.
Im Gegensatz zur Linienaufstellung ist der »Eberkopf«, wie man den Schlachtkeil nannte, bei zunehmender beiderseitiger Ausbreitung in die Tiefe gestaffelt. Die Bergung Verwundeter ist als Selbstverständlichkeit nicht erwähnt; corpora suorum bezieht sich auf die Leichen Gefallener. Der Verlust des Schildes gilt anscheinend nicht nur als ein – möglicherweise beabsichtigter –Verzicht zu kämpfen, sondern auch als Stellungnahme göttlicher Mächte gegen den Betroffenen.

7

Könige – soweit sie die Germanen wählten (es gibt nicht bei allen Stämmen Könige) – sind Männer aus vornehmem Geschlecht ohne die angedeuteten Eigenschaften des römischen Rex; »Herzöge« werden oft vor kriegerischen Unternehmungen für die Dauer der Kampfhandlungen gewählt.
Die Gewalt über Leben und Tod liegt zwar tatsächlich bei den Anführern, aber der Vollzug in der Hand von »Priestern« (das sind ehrwürdige Stammesmitglieder,

nicht Angehörige eines eigentlichen Priesterstandes); dadurch, daß die Sühne als gottgewollt (in der Hauptsache wird an den Kriegsgott Ziu zu denken sein) erscheint, werden Racheansprüche der betroffenen Sippe ausgeschlossen.

Unter den Tierbildern sind z. B. der Widder Zius, der Wolf oder die Schlange Wodans, unter den Kultsymbolen Zius Schwert, Wodans Speer zu verstehen. Frauen und Kinder befinden sich bei wandernden Stämmen in Wagenburgen, sonst in Fliehburgen.

8

Durch ihre »divinatorischen« Fähigkeiten berühmt war die zur Zeit des Bataveraufstandes (69/70 u. Z.) bei den Brukterern wahrsagende Veleda, die von Vespasian im Triumphzuge durch die Straßen Roms geführt wurde; Albruna bezeichnet eine Frau, deren Wissen dem der elbischen Geister gleicht. Solche Frauen *sind* nach Auffassung des Tacitus übermenschliche Wesen, römische Kaiser *machten* dagegen Frauen nach deren Tode gelegentlich zu Göttinnen.

9

Merkur ist Wodan, der oberste Gott der Nordwestgermanen (vgl. dies Mercurii = Mittwoch = engl. Wednesday). Die Gleichsetzung erfolgt, weil beide neben anderen sich entsprechenden Funktionen Weltwanderer und Seelengötter sind und ähnliche Kultsymbole haben; bei den Menschenopfern, die übrigens nicht nur im Wodankult vorkamen, ist wohl an Gefangene oder Verbrecher zu denken. Herkules ist germanisch Donar; Vergleichspunkt sind die von beiden gegen allerlei Ungeheuer durchgefochtenen Kämpfe und die Ähnlichkeit der Bewaffnung (Keule und Hammer). Später wurden Donar und Jupiter gleichgesetzt (darum dies Iovis = Donnerstag). Mars entspricht naturgemäß dem Kriegsgott Ziu, der zugleich Gott des Things = Dings ist (vgl. engl. Tuesday = Dingstag, Dienstag).
Während Tacitus in Wodan, Donar und Ziu die bei den Römern als Mercurius, Hercules und Mars bezeichneten Gottheiten wiederzufinden glaubt, hält er den Isiskult bei einem Teile der Sueben für einen eingeführten Kult. Wahrscheinlich handelt es sich aber um eine germanische Göttin, die ähnlich wie die ursprünglich ägyptische, dann in der ganzen Antike verehrte Isis mit einem Umzug gefeiert wurde, bei dem ein Schiff eine Rolle spielte. (Eine Liburne ist eine bei dem dalmatinischen Seefahrervolk der Liburner gebräuchliche Barke.)

Im römisch-germanischen Grenzgebiet wurde übrigens auch die wirkliche Isis verehrt.

10

Unter den fruchttragenden Bäumen sind nach germanischer Auffassung Buchen, Eichen usw. zu verstehen; die »Runen« sind Zeichen für ganze Begriffe (Einzelheiten wissen wir nicht), keine alphabetischen Schriftrunen, die die Germanen erst später kennenlernten. Man spürt die uralte geheiligte Tradition in der Unverbrüchlichkeit der gewahrten Form und in der Wahl der Dreizahl.

Die Wertschätzung, die die Beobachtung der Vögel in Rom als Mittel, den göttlichen Willen zu erschließen (vgl. unsere Deutung des Käuzchenrufes), gehabt hat, ersieht man allein schon aus der allgemeinen Bedeutung »Vorzeichen«, die das Wort »auspicia« (eigtl. Vogelschau) am Anfang unseres Kapitels hat; treffen hier germanischer und römischer Brauch zusammen, so empfindet Tacitus das Rosseorakel als etwas Besonderes: offenbar ist dies indoeuropäische Vorzeichen bei den Römern in Vergessenheit geraten. Die Stelle scheint darauf hinzudeuten, daß das Rosseorakel an bestimmte sakrale Umzüge gebunden war; die merkwürdige Erklärung, daß ihm selbst die »Priester« Glauben schenkten, wird verständlich, wenn man hört, daß sich Cato wunderte, daß ein Opferschauer nicht lachen müßte, wenn er einen Priesterkollegen sehe (Cicero, De divinatione 2, 51).

11

Das ungebotene Thing tritt mindestens einmal im Jahre zusammen, das gebotene bei besonderen Anlässen; zu beiden Versammlungen gehören alle Gemeinfreien des Stammes. Principes (»Fürsten«) sind, wie sich aus dem Schluß des Kapitels ergibt, nicht Angehörige eines Standes (den es mindestens nicht bei allen Stämmen gegeben hat), sondern Sippenälteste, Männer aus angesehenen Familien, verdiente Kämpfer usw. Die Bedeutung, die die Germanen dem Mondlauf beimessen, ist heute noch im Volksglauben lebendig (Eheschließung bei zunehmendem Monde, Besprechung von Krankheiten bei Vollmond oder abnehmendem Monde); auch die eigenartig anmutende Rechnung nach Nächten liegt noch heute unserer Wochenbezeichnung = »acht« Tage (eigtl. acht Nächte) zugrunde (vgl. auch die Bezeichnung Sonn*abend* für den *Tag* vor Sonntag).
Der zweite Teil des Kapitels enthält durchweg Angaben, die stillschweigend auf die völlig andersartigen römischen Verhältnisse Bezug nehmen. Die unbestimmte Thingzeit (»bei Neu- oder Vollmond«) führt im Gegen-

satz zu Rom zu unpünktlichem Beginn; während in Rom der Magistrat die Versammlung eröffnet, bei der die Teilnehmer – ohne Waffen – standen, wird bei den Germanen mit den Verhandlungen begonnen, wenn sich die Thingteilnehmer in Waffen niedergelassen haben und der »Priester« Schweigen gebietet. Das Thing steht unter sakralem Recht. Im Gegensatz zu Rom gilt bei den Germanen das Befehlsrecht weniger als die überzeugende Kraft der Rede.

12

Das Strafmaß entspricht im allgemeinen der Schwere des Verbrechens, wird aber nicht aus festen Rechtsnormen abgeleitet, sondern nach Überlieferung und unmittelbarer Rechtsauffassung von Fall zu Fall festgesetzt. Schwere Verbrechen, bei denen die Verletzung einer Gottheit vorliegt, erheischen den Tod, entweder durch Aufhängen an dürren Bäumen (mit einem frischen, zähen Eichen- oder Weidenzweig) oder durch Versenken in Moore (Moorleichen sind besonders in Schleswig-Holstein gefunden worden); das Flechtwerk soll das Wiederkommen der abgeschiedenen Seele verhindern. Die psychologische Deutung der unterschiedlichen Form der Todesstrafe ist den Germanen sicher nur von Tacitus zugeschrieben.

Unter leichteren Vergehen wird man Körperverletzungen, Diebstahl usw. verstehen müssen; die Buße wird zum Teil bei den Wahrern der Ordnung erlegt (Friedensgeld), zum Teil dem Geschädigten oder – bei Körperverletzung mit tödlichem Ausgange – der Sippe gezahlt. Neben der besonderen Gerichtsbarkeit des Things gibt es die Aburteilung durch »Hundertschaftsgerichte«, deren Vorsitzer aus den »principes« ausgewählt werden. Entweder fällt der gewöhnliche Gerichtsbezirk mit dem der Hundertschaft (s. Kap. 6) zusammen, so daß die hundert Beisitzer mit der Hundertschaft identisch sind, oder aber es handelt sich bei diesen um einen ständigen Senat von hundert Thingmännern, die auch als Schöffen bei Bezirksgerichtsverhandlungen tätig sind.

13

Der Anlegung der Toga virilis, d. h. des rein-weißen Mannesgewandes, im siebzehnten Lebensjahre (statt der bisher getragenen Toga puerilis, dem Kindergewand mit Purpurvorstoß) entspricht bei den Germanen die feierliche Waffenübergabe, die dem Jüngling die Wehr- und Thingfähigkeit verleiht. Im allgemeinen ist die Übergabe der Waffen Sache des Vaters, nur in besonderen Fällen die eines »princeps« oder (bei Todesfall) eines Verwandten. Der waffenfähige junge Germane blieb unbeschadet seiner

neuen Pflichten und Rechte in der Obhut (Munt) seines Vaters, sofern er nicht in eine Gefolgschaft eintrat.
Die Gefolgsmannen stehen zu ihren Gefolgsherren in einem besonderen Treue- und Vertrauensverhältnis (byzantinische Schriftsteller nennen die Gefolgsmannen τέκνα, Kinder). In Rom dienen vornehme junge Leute als höhere Offiziere; darum weist Tacitus darauf hin, daß es bei den Germanen nicht als Schande gilt, als adulescens (17–25 Jahre) in eine Gefolgschaft einzutreten.

14

Die innere Ergriffenheit, die Tacitus angesichts der Bewährung der Gefolgschaft (eines ihm völlig unbekannten Treueverhältnisses) im Kriege empfindet, hat in einer besonders künstlerisch gestalteten und gehobenen Sprache ihren Ausdruck gefunden; leider kann eine deutsche Übersetzung nur eine schwache Vorstellung davon vermitteln.
Der Anstoß zur Beteiligung an Kriegen anderer Stämme geht von den jungen Adligen aus, aus denen die Gefolgschaften zu einem erheblichen Teile bestanden haben müssen, aber auch der »princeps« nahm (wenn auch aus anderen Gründen) an solchen Zügen teil. Die Gefolgsleute verlangen von der »milte« des Gefolgsherrn die Kampfmittel als unerläßliche Voraussetzung ihrer

Tätigkeit; die Verpflegung versteht sich von selbst (der Gedanke an »Sold« ist römische Deutung). Der Schluß des Kapitels übergeht die Tatsache, daß aus manchem wackeren Kämpfer schließlich doch ein rechtschaffener Bauer geworden ist.

15

Die von Tacitus geschilderten Zustände sollen das Leben der Gefolgschaften (nicht etwa aller Germanen) in ruhigen Zeiten kennzeichnen. Selbst in dieser Beschränkung, die vielfach übersehen worden ist, trifft das Bild nicht zu: die Jagdleidenschaft der Germanen ist unterschätzt, das Ruhebedürfnis nach hartem Kampfe (oft genug zwischen zwei Kriegen) verkannt; der Verzicht auf bäuerliche Arbeit gilt allenfalls für die Zeit des eigentlichen Ausruhens und ist fälschlich verallgemeinert.

Der zweite Teil des Kapitels erklärt, woher die Gefolgsherren in Friedenszeiten die Mittel zur Erhaltung der Gefolgschaft bekommen. Phalerae torquesque (Brustschmuck und Halsketten) sind ursprünglich Auszeichnungen für verdiente römische Soldaten; das verwerfliche Spiel, das mit römischem Gelde getrieben wurde, wird in einem ebenso knappen wie bedeutsamen Satze als politisches Mittel stillschweigend geduldet.

16

Die Abneigung der Germanen gegen Städte wird noch für das 4. Jahrhundert u. Z. bezeugt; die offene Bauweise in den Dörfern versteht sich für bäuerliche Wirtschaft von selbst (dafür hatte der Stadtrömer kein Verständnis). Daß ein Bewohner Roms, das übrigens auch erst seit Augustus eine Marmorstadt war, Holz als Baustoff verwarf, wird man als begreifliche Befangenheit hinnehmen. Die Bemalung des Hauses weist auf Fachwerkbauten hin, deren Fächer mit Rutengeflecht ausgefüllt, mit Lehm beworfen und nach dem Verputzen bemalt wurden.

Die Angaben über unterirdische Gruben sind im ganzen zutreffend; die Vorratskammern waren jedoch nicht mit einer Dungschicht überdeckt, die Wohn- und Webkammern, in denen auch gekocht wurde, nicht nur im Winter in Benutzung.

17

Über die Bekleidung der Germanen war Tacitus offensichtlich falsch unterrichtet; daß die Männer ganze Tage, nur mit einem mantelartigen Überwurf (viereckiges Wolltuch) bekleidet, am Herdfeuer zugebracht hätten, ist unwahrscheinlich. Man trug – nicht nur die Vornehmen – leinene Unterkleidung und Hosen – teils kurze, teils (vor allem bei den Ostgermanen) in den Strumpf auslaufende – und teilweise auch Jacken mit Ärmeln, im Winter Schaffelle, die Ostgermanen verbrämte Pelze (mit dem »Weltmeere« sind die Länder der höheren Breiten gemeint; ältestes Zeugnis für den nordischen Pelzhandel). Die Funde von Gewandspangen (Fibeln) aus Silber und Bronze zeigen erlesenen Geschmack und große Kunstfertigkeit.

Die weibliche Kleidung ersetzt das grobwollene »sagum« der Männer durch selbstgewebte, mit purpurfarbigen Streifen verzierte leinene Umwürfe; im Gegensatz zu Hose und Ärmeljacke trägt die Germanin Rock und Hemd oder Jacke ohne Ärmel.

18

Für römische Begriffe war die selbstverständliche Unschuld der weiblichen Tracht gewagt; darum das erstaunte »trotzdem« am Anfange des Kapitels. Ein Beispiel für Mehrehen aus politischen Gründen führt Cäsar (Bell. Gall. 1, 53) an; danach hatte der Suebenkönig Ariovist außer einer suebischen Frau noch die Schwester des Königs Voccio von Norikum geheiratet.

Die bei der Eheschließung erfolgende Übereignung von Gaben sieht Tacitus, ganz in römischen Gedankengängen befangen, als Mitgift an. Nach der in sich nicht klaren und offenbar eine Entwicklung von längerer Dauer zusammenfassenden Darstellung hat der junge Germane im Beisein beider Sippen seinem künftigen Schwiegervater ursprünglich als Kaufpreis einen Teil seiner Habe überlassen. Bei der von Tacitus geschilderten Form der Eheschließung dürfte der Vater der Braut den »Kaufpreis« seiner Tochter als persönliches Gut mit in die Ehe gegeben haben; diesen Vorgang hat Tacitus nicht verstanden und als Beschenkung der Braut durch den Bräutigam angesehen. Die Übereignung eines Schwertes an den Schwiegersohn bedeutet die Anerkennung der Tatsache, daß die junge Frau aus der Munt ihres Vaters in die ihres Gatten übergeht.

Die seelische Bedeutung des ehelichen Bundes bei den Germanen hat Tacitus unbeschadet der unsicheren Darstellung der Form richtig erfaßt; mit arcana sacra und coniugales deos spielt er auf die altrömische Form der Eheschließung (confarreatio) und die Mitwirkung der Iuno pronuba und anderer Ehegottheiten an.

Der Symbolwert der Gaben wird dadurch unterstrichen, daß Gaben gleicher Art (natürlich nicht dieselben Gegenstände) von Generation zu Generation »weitergegeben« werden.

19

Deutlicher als in Kap. 18 weist Tacitus hier auf bedenkliche Verfallserscheinungen in der römischen Gesellschaft hin, an denen auch die verschiedenen von Augustus in den Jahren 18 v. u. Z. und 9 u. Z. erlassenen Gesetze zur Hebung der ehelichen Moral nichts hatten ändern können. Der Ehebruch ist für die Germanen ein Vergehen gegen die Sippe, darum erfolgt die Bestrafung in deren Anwesenheit. Welche Stämme die Wiederverheiratung von Witwen nicht zuließen, ist nicht mehr festzustellen.

Die Tötung »Nachgeborener« erfolgte wohl gelegentlich in Rom, wenn die Erbfolge durch einen erstgeborenen Sohn gesichert war.

20

Schon Cäsar berichtete (Bell. Gall. 6, 21), daß die Germanen von einem späten Erwachen des Geschlechtslebens eine Steigerung ihrer körperlichen Leistungsfähigkeit erhoffen und geschlechtlichen Umgang bis zum zwanzigsten Lebensjahre als Schande ansehen.

Die enge Verbindung zwischen Mutterbruder und Neffen trägt der Tatsache Rechnung, daß die Frau durch ihre Verheiratung die Bindung an die eigene Sippe nicht

verliert: der aus gleichem Blute stammende Bruder übernimmt die Fürsorge z. B. für den Fall, daß der leibliche Vater stirbt.
Die Erbschleicherei war in Rom ein weitverbreitetes Übel: kinderlose Reiche wurden vielfach von Erbschleichern umworben und verwöhnt.

21

Neben straffreier Tötung eines auf frischer Tat Ertappten steht der Totschlag, der durch Wergeld gesühnt werden kann, wenn die geschädigte Sippe damit einverstanden ist (d. h. auf Entscheid vor dem Thing verzichtet).
Der Gastgeber übernimmt die Begleitung des Gastes, weil dieser in seiner Munt steht; bei der engen Versippung der Germanen ist die freundliche Aufnahme (bei Verwandten) gesichert. Die unterschiedslose Behandlung Bekannter und Unbekannter steht zu römischen Verhältnissen in schroffstem Gegensatz.

22

Tacitus schildert den Tageslauf der Germanen mit unausgesprochener Betonung des zu römischen Verhältnissen Gegensätzlichen. Dort stand man zeitig auf, weil die Mittagszeit mit ihrer Hitze für ersprießliche Tätigkeit ausfiel. Das Bad am Morgen in einem kreisrunden Zuber war dem Römer ebenso fremd wie das Speisen an Einzeltischen und der Gebrauch von Stühlen bei der Mahlzeit (in Rom lag man auf zusammenhängenden Polstersitzen um einen gemeinsamen Tisch).

Unter den Geschäften (negotia) versteht Tacitus die Erledigung öffentlicher Aufgaben und besonderer Familienanliegen oder kultische Feiern, nicht das Tagewerk: daraus ergibt sich, daß auch die Gelage, zu denen die Germanen in Waffen gehen, an besonderen Tagen stattfanden.

Die Deutung der Vorgänge am Schluß des Kapitels ist Taciteisch, die Kennzeichnung der Germanen als gens non astuta nec callida nur im Verkehr der Stammesgenossen untereinander richtig (vgl. Arminius' Kampf gegen Varus).

23

Das Hauptgetränk ist das Bier, das der Südländer wenig schätzte und darum als mißglückten Versuch, Wein herzustellen, ansah. Die Germanen kannten an gegorenen Getränken noch Met (aus Honig und Wasser) und Obstwein (aus Äpfeln, Birnen und Schlehen). Römischer Wein wurde übrigens auf dem Handelswege auch ins innere Germanien gebracht. Von den Speisen hat Tacitus auch nur die angeführt, die ihm als Römer besonders auffielen: wildwachsendes Obst (Holzäpfel und -birnen, Nüsse und Beeren) statt des römischen Edelobstes, frisches (nicht abgelagertes) Wildbret, Quark. Die Germanen kochten sich mit Vorliebe Haferbrei, verarbeiteten die Milch zu Butter und Käse und verzehrten natürlich auch das Fleisch ihrer Haustiere. Auf die Belebung der Eßlust durch Aufmachung und raffinierte Würzung der Speisen brauchten die Germanen nicht (wie die Römer) bedacht zu sein: sie essen, um den Hunger zu stillen (Salz wurde natürlich verwendet).

24

Den Schwertertanz führten die Germanen selbstverständlich nicht bei jeder Gelegenheit auf, zu der sie zusammenkamen: wenn bei irgendeiner Zusammenkunft ein Spiel erwünscht war, meint Tacitus, dann führten sie ihn auf. (Vermutlich war es nicht die einzige Aufführung, die die Germanen kannten.) Bemerkenswert findet der Römer den reinen Sportgeist, der sich von der Erwerbstüchtigkeit der Gladiatoren freilich erheblich unterschied. Das Würfeln ist durch Funde bezeugt. Ob aber die sinnlose Versessenheit darauf auf alle Germanen zutraf, ist nicht sicher; schließlich war der Germane auch so fest in seinem Sippenverband verankert, daß der Verkauf als Sklave schwerlich oft vorgekommen sein kann.

25

Der Begriff des »Sklaven« tritt bezeichnenderweise hinter dem des »colonus«, des freien Bauern, der gegen Zins Ackerstücke gepachtet hat, in der Darstellung zurück: der unfreie germanische Knecht ist eben kein Sklave im römischen Sinne, sondern *fast* ein »colonus«; von diesem unterscheidet er sich durch die Bindung an die Scholle und die Verpflichtung zu Dienstleistungen (über die von Tacitus erwähnten Abgaben hinaus). Neben dieser Gattung verhältnismäßig freier Knechte auf eigener Wirtschaft gibt es natürlich auch dienstbare Kräfte, die den Frauen bei der häuslichen Arbeit, namentlich dem Spinnen, Weben, Nähen, Kochen, Backen und Brauen, zur Hand gingen. Dies Kapitel verallgemeinert das Bild eines begüterten Germanen.

Der Schluß hat mehr römische Färbung als germanische. Freilassung gab es natürlich bei den Germanen, aber von einer politischen Bedeutung Freigelassener in Königsherrschalten ist in dieser Zeit kaum die Rede (vgl. dagegen die spätere Entwicklung: Marschalk urspr. = Pferdeknecht). Es hat sich bei Tacitus infolge trüber Erfahrungen im kaiserlichen Rom ganz allgemein die Vorstellung festgesetzt, daß die monarchische Staatsform Günstlingswirtschaft und damit den Verlust der Freiheit bedeute.

26

Die in Rom geforderten Zinsen betrugen zur Zeit Sullas 12 Prozent; in den Provinzen ging man erheblich darüber hinaus. Geldgeschäfte blieben den Germanen noch lange fremd.

Die Darstellung des Ackerbaus geht von dem Sonderfall der Besetzung von Neuland aus, das zu wechselnder Bewirtschaftung übernommen wird (ein Teil kommt unter den Pflug, der Rest dient als Weide; nach einer gewissen Zeit wird mit der Nutzung gewechselt: sog. Feldgraswirtschaft); bei der Verteilung der Ackerlose werden verdiente Stammesgenossen mit einer größeren Zahl von Losen bedacht.

Der einzelne Bebauer bestellt die eine Hälfte des ihm zugewiesenen Landes und läßt die andere brachliegen, wie es bei der Feldmark im großen geschah; nur wird in der Einzelwirtschaft jährlich gewechselt.

Die Bemerkung über die Jahreszeiten ist zutreffend: die Germanen kannten Winter, Lenz und Sommer; das Wort »herbist« bedeutete Ernteertrag und ist erst später Bezeichnung für eine Jahreszeit geworden. Bei den unbekannten Segnungen des Herbstes denkt Tacitus an Edelobst und Wein.

27

Im Verhältnis zu Rom ist der Aufwand bei Leichenbegängnissen bescheiden; das Ursprüngliche war übrigens die Leichenbestattung, die sich erst nach Tacitus wieder einbürgerte. Die Waffen wurden vielfach erst nach der Verbrennung der Asche beigegeben, wie Grabfunde bezeugen. Der Rasenhügel ist flach, die Begründung für den Verzicht auf Steindenkmäler Taciteisch.
Der allgemeine Teil über germanische Lebensformen wird in kunstvoller Abrundung mit dem Leichenbegängnis und dem Nachruhm beschlossen.

28

Tacitus will zunächst den Übergang von Germanen nach Gallien behandeln, streift aber vorher die Frage, ob nicht auch eine Wanderung in umgekehrtem Sinne erfolgt sein könne. Er stützt sich auf die Behauptung Cäsars (Bell. Gall. 6, 24), daß einst die Gallier stärker gewesen seien als die Germanen und Kolonien auf rechtsrheinisches Gebiet geschickt hätten. Cäsar ist dabei aber von der irrigen Annahme ausgegangen, die Heimat der Kelten sei das heutige Frankreich; tatsächlich waren die Kelten, zur indoeuropäischen Völkerfamilie gehörig, in vorgeschichtlicher Zeit besonders in Süd- und Mittel-

deutschland ansässig und wichen erst vor den andrängenden Germanen über den Rhein nach Gallien aus. Es hat also nie eine Herrschaft von Kelten über Germanen gegeben, sowenig wie die Kelten ihre ursprünglichen Wohnsitze den Germanen abgewonnen hätten.
Mit dem Herzynischen Walde ist hier nicht das deutsche Mittelgebirge schlechthin, sondern wohl der Schwäbische Jura gemeint. Die ursprünglich in Südwestdeutschland ansässigen Helvetier waren bereits zur Zeit Cäsars in die Westschweiz gezogen. Die Bojer wanderten etwa 60 v. u. Z. aus Böhmen (= Bojerheim), das zu Tacitus' Zeit von den Markomannen bewohnt ist, nach Süden aus.
Aravisker und Oser sind illyrische Stämme, die im Nordosten von Pannonien innerhalb des Donauknies und nördlich davon am unteren Hron saßen. Tacitus hält die Oser (vgl. Kap. 43) für Pannonier; Germanorum natione kann also nur bedeuten, daß sie ein auf germanischem Boden lebender pannonischer Stamm gewesen sind.
Die Treverer (Augusta Treveroruns = Trier) an der unteren Mosel und die Nervier zwischen Maas und Schelde sind tatsächlich (stark keltisch versetzte) germanische Stämme.
Die Vangioner, vorwiegend am linken Rheinufer in der Gegend von Worms ansässig, kämpften seinerzeit unter Ariovist mit gegen die Römer; die suebischen Nemeter

(die Reihenfolge bei Tacitus ist falsch) saßen auf dem linken Rheinufer bei Speyer, die gleichfalls suebischen Triboker bei Straßburg (sie blieben nach Cäsars Sieg über Ariovist dort wohnen).
Die Ubier wurden durch Agrippina, die Gemahlin des Kaisers Claudius, im Jahre 50 u. Z. in den Rang einer römischen Kolonie erhoben (Colonia Agrippinensis oder Colonia Claudia Ara Agrippinensium = Köln). Ursprünglich saßen sie zwischen Main und Rhein um den Taunus und bis zur unteren Lahn; im Jahre 38 v. u. Z. wurden sie auf dem linken Rheinufer angesiedelt.

29

Die Bataver (zwischen Rhein, Waal und Maas) haben mehrfach auf römischer Seite gegen Germanen gekämpft und den Römern viele Soldaten gestellt (von einer batavischen Garnison hat Passau seinen Namen erhalten: Castra Batavorum = Passau). Berühmt geworden sind sie durch den Aufstand gegen Rom in den Jahren 69/70 u. Z., nach dem sie sich jedoch den Römern wieder unterwarfen. Die Chatten, von denen sich die Bataver abzweigten, saßen ursprünglich nördlich der Eder, später im heutigen Hessen (Hessen = Chatti).
Auch die Mattiaker sind offenbar aus den Chatten hervorgegangen. Sie drangen nach Südosten in die Gegend

des heutigen Wiesbaden vor; ihre Unterwerfung vollzog der Kaiser Domitian. Die feurigere Art der Mattiaker (Rheinländer) wird von Tacitus als eine Art von Ausgleichserscheinung auf das Klima und die Bodenbeschaffenheit ihres Landes zurückgeführt, von dessen Rauheit und Unwirtlichkeit er – seiner Gesamtauffassung getreu (s. Kap. 5) – überzeugt ist.

Das Zehn(t)land (Agri Decumates) hat seinen Namen wohl nicht von der Einteilung in zehn Bezirke erhalten, sondern auf Grund der Verpflichtung zur Abgabe des Zehnten an die Römer; es umfaßt das heutige Baden-Württemberg. In dem über den Neckar bis zum Limes reichenden Gebiet, durch das die Helvetier nach der Schweiz abgezogen waren, saßen noch Reste verschiedener germanischer Stämme; der Ausdruck dubiae possessionis ist entsprechend einzuschränken. Die Einbeziehung in das römische Herrschaftsgebiet ist spätestens unter dem Kaiser Caligula (37–45) erfolgt; der Grenzwall gegen Germanien wurde unter Domitian (81–96) begonnen und unter Trajan (98–117) vervollständigt. Über eine Entfernung von 584 km lief er von der Moselmündung über den Taunus zum Hohenstaufen und von da in östlicher Richtung längs des Jura bis zur Altmühl und Donau; etwa 100 Kastelle (Saalburg) und 1000 Wachttürme sicherten die Grenze.

30

Unter dem Herzynischen Walde sind hier Spessart, Vogelsberg, Rhön und Weserberge zu verstehen; über die Chatten s. zu Kap. 29. Daß sie auf Kosten der übrigen Germanenstämme gerühmt werden, ist sicher unberechtigt. Der Schluß des Kapitels will die römischen Leser an Roms größten Vertreter der Ermüdungstaktik, Quintus Fabius Maximus Cunctator, erinnern, der im zweiten Punischen Kriege Rom vor Hannibal rettete.

31

Die von den Chatten (in dieser Form kaum ganz zutreffend) berichtete Sitte, daß die zwischen Jünglings- und Mannesalter stehenden Stammesangehörigen Haupt- und Barthaar bis zur Tötung eines Feindes ohne Pflege wachsen lassen, geht ebenso wie das Tragen eines eisernen Ringes auf religiöse Vorstellungen zurück: die Kämpfer weihen sich mit ihrer Tracht einer Tapferkeitsgöttin (bei den stammverwandten Batavern nachgewiesen) und erhalten erst dann Daseinsrecht, wenn sie das Gelübde, einen Feind zu töten, erfüllt haben. Mißlingt das Vorhaben, dann müssen die Geweihten die Tracht beibehalten bzw. den Ring weiter tragen; das gilt als Schande. Neben den zwei Gruppen von Jungmannen (bis zur Tötung eines Feindes mit Haarwust nebst oder ohne Ring) gibt es eine dritte: ihre Vertreter (vermutlich ist es nur eine kleinere Zahl) tragen die Kennzeichnungen, die andere nach Erfüllung ihres Gelübdes ablegen, bis ins hohe Alter; sie machen aus der Verheißung tapferer Haltung eine Lebensaufgabe.

32

Im Gegensatz zu den verschiedenen Flußarmen im Mündungsgebiet hat der Rhein nunmehr (etwa von Xanten ab) sein festes Bett und genügt bis über Bonn aufwärts als Grenze; zwischen Bonn und Koblenz übernimmt dann der Limes die weitere Grenzsicherung. Usiper und Tenkterer saßen nach ihrer Niederlage durch Cäsar (55 v. u. Z.) nördlich von der Lippe und rückten dann in das Gebiet der Sugambrer ein, die auf linksrheinisches Gebiet übergesiedelt waren (sie sitzen zwischen Lahn und Sieg bzw. Sieg und Ruhr). Die Reiterei der Tenkterer rühmt schon Cäsar mehrfach.

33

Die Brukterer, zu Tacitus' Zeit zwischen der oberen Ems und Lippe wohnend, hatten ihre Wohnsitze zuvor

am Unterlauf der Ems gehabt und waren den Usipern und Tenkterern nachgerückt. Die Chamaven siedelten östlich der Ijssel; nach der Niederlage der Brukterer besetzten sie das Gebiet zwischen Ijssel und unserer Lippe. Die Angrivarier wohnten vor dem Einzug in das Gebiet der Brukterer an der mittleren Weser. Die Brukterer sind übrigens nicht, wie Tacitus angibt, restlos vernichtet worden; ein Teil des Stammes hielt sich noch im Osten seines Gebietes und drang – später wieder erstarkt – in südwestlicher Richtung an den Rhein vor. Dem verheerenden Kampf, von dem Tacitus spricht, konnten die Römer von Xanten aus wie einem Gladiatorenspiel zusehen.
Es ist die Überzeugung des Tacitus, daß »das Reich, an dessen Grenze überall Feinde stehen, die Kraft verloren hat, diese Feinde zu entwaffnen, zu unterwerfen und dadurch seinen Bestand zu sichern« (R. Heinze). So steht zwar nicht der Untergang, aber schwere Bedrängnis des Reiches vor seinen Augen.

34

Die Dulgubnier sitzen an der Aller bei Celle, die Chasuarier an der Hase, also vom Standpunkt des nördlichen Gallien aus östlich (genauer südöstlich) von den Angrivariern und Chamaven. Die Friesen wohnen dementsprechend nordwestlich von diesen Stämmen (an der Nordseeküste zwischen Zuiderzee – bis zur Sturmflut des Jahres 1287 noch ein Komplex von Seen – und Ems und südlich der Zuiderzee). Die geographischen Angaben des Tacitus am Anfang von Kap. 4 sind offenbar nicht zuverlässig. Von der Zuiderzee fuhr Drusus 52 v. u. Z. bis in die Ems, Tiberius 5 u. Z. über Jütland bis zum Kattegat. Mit den Säulen des Herkules dürfte Helgoland gemeint sein, das bis zum Jahre 1721 zwei große Klippen hatte. Drusus Germanicus, der Sohn des oben genannten Drusus, kam, nachdem er einen Teil seiner Truppen über die Nordsee weseraufwärts ins Cheruskergebiet geführt hatte, bei der Rückkehr von der Schlacht gegen Arminius bei Idistaviso 16 u. Z. in eine Sturmflut; ob freilich bei der Rückfahrt eine Entdeckungsreise geplant war, wissen wir nicht.

35

Tacitus teilt die bei den Alten übliche Auffassung, nach der die Kimbrische (Dänische) Halbinsel bereits östlich der Weser beginnt und mit starker Neigung nach Osten gleichsam zum Festland zurückkehrt. Tacitus' Angaben über die Wohnsitze der Chauken befriedigen (abgesehen von der Lage an der Nordseeküste) nicht: daß sie allen in Kap. 32 bis 34 behandelten Stämmen vorgelagert sind und in einem Bogen sogar bis in das Gebiet der Chatten reichen, ist unglaubhaft. Während er auf Kosten anderer Stämme die Ausdehnung ihres Gebietes und ihre Vorzüge übertreibt, verschweigt er (im Gegensatz zu seinen »Annalen« 11, 18) ihre seemännische Tüchtigkeit.

36

Von den Taten der Cherusker unter Arminius schweigt Tatitus merkwürdigerweise auch. Ihr Niedergang ist nicht auf eine lange Friedenszeit zurückzuführen (sie haben nur gegen Rom keine Kriege mehr geführt), sondern auf innere Auseinandersetzungen und Kämpfe mit den Chauken, Langobarden und Chatten. Während sie unter Arminius vom Teutoburger Walde bis zur Elbe herrschen, sitzen sie zu Tacitus' Zeit östlich der mittleren Weser. Ihre Leidensgenossen, die Foser, sind im Quellgebiet der Aller ansässig. Das überlieferte nomine superioris am Anfang des Kapitels ist von K. Büchner gegenüber der Konjektur nomina superioris gerechtfertigt worden. Wer wie die Chauken seine Überlegenheit nicht Gewalttaten verdankt (vgl. Kap. 3), hat das Privileg, sich selbstbeherrscht und redlich zu nennen, nicht, wer sich trügerischer Ruhe hingibt.

37

Reste der Kimbern, von denen ein großer Teil um 120 v. u. Z. auswanderte, waren im nördlichen Jütland zurückgeblieben (dänischer Bezirk Himmerland). Der berühmte Zug führte die Kimbern zunächst durchs Kattegat und die dänischen Inseln südwärts bis nach den Ostalpen, wo sie bei Noreia in der heutigen Steiermark den ersten, erfolgreichen Zusammenstoß mit den Römern unter Papirius Carbo 113 v. u. Z. hatten; von dort zogen sie in nordwestlicher Richtung bis an den Rhein. Die Lagerplätze an beiden Rheinufern sind freilich kaum Spuren des Kimbernzuges gewesen, sondern wahrscheinlich vorgeschichtliche Fliehburgen. Gallien und Nordspanien auf der Landsuche durchstreifend, ziehen die Kimbern schließlich über den Brenner nach Italien, wo sie 101 v. u. Z. von dem römischen Feldherrn Marius bei Vercellae südwestlich von Mailand geschlagen werden (die mit ihnen ziehenden aus Nordjütland stammenden Teutonen sind ein Jahr zuvor den Römern östlich der Rhonemündung bei Aquae Sextiae erlegen). Da die Gründung Roms in das Jahr 752 v. u. Z. gesetzt wurde, hatte mit dem Jahre 113 v. u. Z. das 640 begonnen. Das zweite Konsulat des Kaisers Trajan fällt ins Jahr 98 (das Jahr der Abfassung der »Germania«): somit siegt Rom seit etwa 210 Jahren.

Nach kurzer Erwähnung der Samnitenkriege des 4. und

beginnenden 3. Jahrhunderts, der Kriege gegen Karthago von der Mitte des 3. bis zur Mitte des 2. Jahrhunderts, der Eroberung Spaniens und Galliens (abgeschlossen mit der Eroberung von Numantia 133 v. u. Z. bzw. unter Cäsar) kommt Tacitus auf die neben den Germanen gefährlichsten Gegner Roms, die Parther, ausführlicher zu sprechen. Arsakes gründete um 250 v. u. Z. das Partherreich, das sich lange Zeit als einzige Großmacht neben Rom im Osten erhielt; noch im Jahre 3 v. u. Z. wurde der römische Feldherr Crassos von den Parthern geschlagen. 15 Jahre später erlag der damalige Partherkönig Pakoros dem römischen Feldherrn Ventidius, dem seine einfache Herkunft (er war ursprünglich Maultiertreiber gewesen) noch anhaftete.

Die germanischen Siege beginnen mit der bereits erwähnten Niederlage Roms bei Noreia im Jahre 113; Cassius wurde 107 von den Tigurinern (einem helvetischen Stamm), die drei folgenden Feldherren so von den Kimbern bei Arausio am Unterlauf der Rhone besiegt. Nach Erwähnung der Schlacht im Teutoburger Walde im Jahre 9 u. Z. (die Niederlage des römischen Feldherrn Lollius durch die Sugambrer ist nicht genannt) greift Tacitus noch einmal auf den verlustreichen Sieg bei Vercellae zurück, streift die Kämpfe Cäsars in den Jahren 58–52 und die Germanenfeldzüge des Drusus und Tiberius (zur Zeit des Augustus) und des Germanicus (unter Tiberius), um schließlich auf die lächerliche Erringung des Beinamens »Germanensieger« durch Caligula im Jahre 40 u. Z. (bei der überhaupt keine Kampfhandlung stattfand) anzuspielen. Der Schluß des Kapitels bezieht sich auf den Bataveraufstand vom Dreikaiserjahre 69 u. Z., während dessen Castra Vetera (Xanten) 70 erobert wurde, der letzte Satz auf einen Scheinfeldzug des Domitian und seinen »Triumph«.

38

Nach den West- und Nordwestgermanen behandelt Tacitus (keiner der in Kap. 2 gegebenen Einteilungen folgend) die Sueben; unter diesem Namen faßt er alle germanischen Ost- und Nordstämme (mit Ausnahme der Bastarner) zusammen (bei verschiedenen Stämmen ist diese Zuordnung fraglich).

Die Sueben saßen ursprünglich zwischen Elbe und Oder; schon im 1. Jahrhundert v. u. Z. sind Teile von ihnen nach Süden (Böhmen und Mähren) und Südwesten (bis an den Oberrhein) abgezogen. Im 3. Jahrhundert u. Z. durchbrechen die suebischen Alemannen den Limes, fluten in das Zehntland, das Elsaß und die Schweiz (nach dem Hauptstamm heißen die Alemannen später auch Schwaben).

Haarknoten und Haarschmuck scheinen indoeuropäische Sitte gewesen zu sein. Offenbar ist der Haarknoten an der rechten Schläfe ein besonderes Kennzeichen der Sueben gewesen, während der Scheitelknoten allgemein verbreitet war. Für Sklaven kommen diese Trachten nicht in Frage, weil sie kurzgeschorenes Haar trugen; die Vornehmen werden einen hörnerartigen Aufbau des Haares getragen haben. Der Schlußsatz enthält eine Anspielung auf die kokette Berechnung des Haarschmuckes in Rom.

39

Die Semnonen wohnten kurz nach der Zeitwende zwischen Elbe und Oder im Gebiet der Havel und Spree und reichten im Norden bis nach Mecklenburg hinein. Im Kampfe zwischen Arminius und Marbod traten sie zu Arminius über. Sie halten sich für das Stammvolk der Sueben; von der Lage des Semnonenhains, den Tacitus in feierlichen Worten (auguriis ... sacram ist ein Hexameter) schildert, ist nichts bekannt. Der Suebengott, dessen angeblicher Aufenthalt in ihrem Gebiet den Semnonen eine besondere Bedeutung verleiht, ist wahrscheinlich Ziu. In der Einteilung der Semnonen in hundert Gaue folgt Tacitus offenbar dem Berichte Cäsars, der dieselbe Zahl für die Sueben angibt (Bell. Gall. 4, 1).

40

Die Langobarden saßen um die Zeitwende links und rechts der unteren Elbe; sie haben sich in unbestimmbarer Zeit nach der Donau durchgeschlagen und erscheinen 568 in Italien (Lombardei).

Die Reudigner sind in Holstein, die Avionen auf den nordfriesischen Inseln und der Westküste der Halbinsel, die Angeln in Schleswig zwischen Schlei und Flensburger Förde, die Variner nördlich von den Angeln, die Eudosen in Jütland zu suchen (die Wohnsitze der Suardonen und Nuithonen sind nicht sicher anzugeben).

Nerthus ist eine Fruchtbarkeitsgöttin, mit deren Umzug die Natur sich wieder belebt; die Römer setzen sie der phrygischen Göttin Kybele gleich, weil auch in deren Kult eine feierliche Frühjahrsprozession mit anschließender sakraler Waschung stattfand. Welche Insel der Ostsee gemeint ist, läßt sich nicht mehr feststellen; lange Zeit hat man fälschlich an Rügen (Herthasee) gedacht, neuerdings nimmt man eine Insel an der Ostküste von Schleswig-Holstein (Alsen) oder Seeland an. Bei der Ertränkung der Ministranten wird es sich in Wahrheit um ein Opfer gehandelt haben.

41

Die Hermunduren wohnen zur Zeit des Tacitus südlich von den Semnonen bis hin zur Donau; die heutigen Thüringer sind die Nachfahren der im Jahre 9 u. Z. in das Gebiet zwischen Elbe, Erzgebirge, Thüringer Wald, Werra und Harz vorgedrungenen Hermunduren.
Die Hermunduren sind nicht von den Römern abhängig gewesen. Die Schilderung von dem entgegenkommenden Verhalten der Römer im Grenzverkehr trifft für die Zeit des Tacitus schwerlich zu, da die Limesgrenze damals 30 km nördlich der Donau verlief. Die blühende Hauptstadt (Augusta Vindelicorum) ist Augsburg.
Das Quellgebiet der Elbe haben die Hermunduren früher auf ihrem Zuge nach Westen durchwandert; zur Zeit des Tacitus liegt es außerhalb des Hermundurenbereichs.
Die Resignation des Tacitus bezieht sich auf die Preisgabe des Gedankens, Germanien bis zur Elbe zu unterwerfen, nach der Niederlage im Teutoburger Walde.

42

Die Narister sitzen südlich vom Fichtelgebirge in den Tälern der Naab und des Regens, die Markomannen seit 9 v. u. Z. im heutigen Böhmen (zur Zeit Ariovists als Vorposten gegen Osten zwischen Bamberg und Regensburg). Die Quaden waren gleichzeitig (9 v. u. Z.) mit den Markomannen unter dem Druck des Drusus aus ihrem Siedlungsgebiet nördlich des unteren Main nach Mähren und Oberungarn gewandert. Sie sind später mit den Wandalen nach Spanien gezogen.

Nach Böhmen, in das bereits 60 v. u. Z. suebische Stämme eingedrungen waren, hatte Marbod die Markomannen geführt. Marbod, der allmählich eine bedeutende Machtstellung erlangte, versagte sich der Aufforderung des Arminius, den germanischen Freiheitskampf zu unterstützen, kämpfte sogar 57 u. Z. gegen die Cherusker und verlor 59 seinen Thron; er starb in römischem Schutze in Ravenna. Tuder (Tudrus) war 59 u. Z. König der Quaden; ihm wurden die zwischen Morava und Váh angesiedelten Gefolgsleute Marbods unterstellt. Die Anfang des 6. Jahrhunderts u. Z. in das Gebiet zwischen Enns und Lech, in die Oberpfalz und die bayrisch-österreichischen Gebiete eindringenden Markomannen hießen nach dem ursprünglich bojischen »Böhmen« (s. zu Kap. 28) Bojowaren = Bajuwaren = Bayern.

43

Im Norden und Osten der genannten Völker wohnen: die Marsigner am Riesengebirge, die Kotiner (wohl ein Rest der Bojer) am oberen Hron im ungarischen Erzgebirge, die illyrischen Oser am unteren Hron, die Burer vom Mährischen Gesenke bis zur Quelle der Weichsel; geographisch gehören Marsigner und Burer zusammen. Mit den Sarmaten sind die zwischen Donau und Theiß ansässigen Jazygen gemeint. Die Kotiner graben Erz, ohne es zu Waffen zu verarbeiten und sich frei zu machen. Der »fortlaufende Höhenzug« sind die Sudeten (vom Elbdurchbruch bis zur Mährischen Pforte). Die Lugier, zur Zeit des Tacitus zwischen Sudeten und Weichsel ansässig, sind später als Wandalen in die Geschichte der Völkerwanderung eingegangen. Wohnsitze der Einzelstämme: Harier am Oberlauf der Oder, Helvekonen im Distrikt der Noteć (Netze), Manimer, Helisier, Nahanarvalen zwischen Oder und Weichsel.

Der Nahanarvalen-Hain ist wahrscheinlich der Zobótka (Zobten) bei Świdnica (Schweidnitz). Der »Priester in weiblicher Tracht« ist auffällig; vermutlich geht die Bezeichnung nur auf den Kopfputz. Man setzt die »Alken«, d. h. schützende Gottheiten, mit den griechisch-römischen Dioskuren gleich; wahrscheinlich handelt es sich um altindoeuropäische Gottheiten, deren Identifizierung mit den Dioskuren sich römischen Forschern durch ihr jugendliches Alter und die Zwillingsbruderschaft empfahl.

Die Harier, d. h. die zum Heer Gehörenden, »leben in ihrer Rolle als Vertreter des Totenheeres in den Harlunge der deutschen Heldensage fort« (Much).

44

Der nordische Stamm der Goten, ursprünglich in Schweden ansässig, wohnt zu Tacitus' Zeit an der unteren Weichsel; von dort zieht er (abgesehen von den zurückbleibenden »Nestgoten«) um 200 u. Z. ans Schwarze Meer. Die straffere Führung (für Tacitus immer mit einer Einbuße an libertas verbunden) gilt allgemein für den altgermanischen Osten. Die Rugier sitzen westlich der Weichsel an der Küste vor und auf Rügen, die Lemovier westlich davon bis zur Oder.

Die Bewohner Skandinaviens (Suiones = Schweden) gelten in der Antike als Inselvolk. Vorder- und Achtersteven ihrer Kriegsschiffe sind gleich gebaut (vgl. das Schiff von Nydam im Kieler Museum); das Ruderwerk war frei in Schlaufen beweglich, die Ruderbank versetzbar, nicht wie bei römischen Schiffen beides in fester Ordnung angebracht.

Im zweiten Teil seiner Beschreibung der schwedischen Lebensverhältnisse ist Tacitus ein Opfer unzureichender Berichterstattung und seiner eigenen Zwangsvorstellung vom Wesen straffer monarchischer Führung geworden. Er deutet die (wahrscheinlich kultisch oder durch besondere Umstände bedingte) Verwahrung der Waffen im Sinne des Despotismus, wie er ihn selbst unter Domitian schaudernd erlebte. Irrig ist auch die Meinung, das Meer schließe plötzliche Angriffe aus.

45

Das tote Meer im Norden der gewaltigen skandinavischen »Insel« (von dem Okeanos als »anderes Meer« geschieden) war den Alten schon länger bekannt; die Auffassung vom »Lebermeer« hielt sich bis ins Mittelalter. Offensichtlich spielt das Eismeer dabei eine Rolle, weniger die Windstille zwischen den Orkney- und Shetlandinseln, die Tacitus' Schwiegervater Julius Agricola festgestellt hatte.
Tacitus stellt sich die Erde als Scheibe vor und spricht von den Verhältnissen zur Zeit der Sommersonnenwende; die Vorstellung vom geräuschvollen Auftauchen des Sonnengottes mit seinem Gespann ist griechisch-römisch, nicht germanisch (die Verehrung der Sonne in Sinnbildern ist dagegen germanisch; vgl. den Fund von Trundholm auf Seeland).
Nach dem Abstecher in den hohen Norden kehrt Tacitus zum östlichen Teil des Suebischen Meeres (Ostsee) zurück. Die Astier sind die späteren Pruzzen, Litauer und Letten, d. h. Indoeuropäer, aber keine Germanen, von der Pregolja (Pregel) bis zum Finnischen Meerbusen wohnend; der Name ging später auf die finnischen Esten über. Ihre Sprache steht in Wahrheit dem Germanischen näher; die gegenteilige Behauptung des Tacitus beruht darauf, daß man sich Britannien in viel engerem geographischem Zusammenhang mit der Ostsee vor-

stellte. Der erwähnte Kult entspricht dem der Nerthus (s. Kap. 40); die Gleichsetzung erfolgt hier auf Grund gleicher Amulette (das Schwein ist der Freyja = Nerthus heilig).

In den häufiger als Eisen (von dem jedoch Spuren gefunden worden sind) verwendeten Knüppeln wird man Vorläufer des litauischen »Krummholzes« sehen dürfen, das sich bis ins Mittelalter als Waffe erhalten hat.

Der Bernstein (niederdeutsche Form von Brennstein), westgermanisch »Glas«, wurde bereits in der jüngeren Steinzeit als Schmuckmittel verwendet und spätestens in der Bronzezeit gehandelt. Er ist zeitweilig hinter den Edelmetallen als Schmuckmittel zurückgetreten; außer Verwendung ist er nie gekommen. Daß die Astier allein Bernstein vertrieben hätten, ist unrichtig; er wurde z. B. auch an der Westküste Jütlands gesammelt und auf alten Handelsstraßen (vor allem nach dem Süden) ausgeführt.

Die Sonnennähe der höheren Breitengrade entspricht der im Anfang des Kapitels besprochenen Vorstellung von der Erde als Scheibe.

Mit den finnischen Sithonen am Bottnischen Meerbusen hat die Unfreiheit ihren Höhepunkt erreicht (vgl. die Bemerkung über Goten und Suionen in Kap. 44); möglicherweise handelt es sich um ein Volk mit mutterrechtlichen Gesellschaftsverhältnissen.

46

Die Peukiner an der Donaumündung sind ein Teil der ursprünglich germanischen, dann aber mit anderen Völkern vermischten Bastarner (von der Quelle der Weichsel bis zum Schwarzen Meer), die als erster germanischer Stamm in den Gesichtskreis der Römer traten. Venether hießen ursprünglich die Illyrer, nach deren Wegzug die Slawen (Wenden); sie wohnen zur Zeit des Tacitus östlich der oberen und mittleren Weichsel. Die Fennen sind Finnen und Lappen; was Tacitus von den Fennen berichtet, trifft allenfalls auf die Lappen zu. Über die Sarmaten siehe zu Kap. 1. Der Schluß der »Germania« verliert sich im Märchenhaften; wahrscheinlich haben Seehundsgeschichten den Anstoß zu der Beschreibung der Hellusier und Oxioner gegeben. Die erstaunlich positive Deutung der finnischen Dürftigkeit erinnert an den müden Unterton mancher früheren Stelle; vgl. die Skepsis über den Wert der Edelmetalle, über die Kraft von Gesetzen im Kampfe gegen Niedergangserscheinungen, über die Wirksamkeit straffer monarchischer Führung und die Lage des römischen Imperiums.

KARTE GERMANIENS
ZUR ZEIT DES
TACITUS

Teutoni
Nuithones?
Cimbri
Charudes
Suardones?
Eudoses
Seeland
Aviones
Varini?
Anglii
Alsen
Helgoland
Reudigni
Suardones?
Rugii
Varini?
Langobardi
Frisii mai.
Chauci min.
Chauci mai.
Visurgis
Chasuarii
Angrivarii
Dulgubnii
Albis
Amisia
Chamavi
Bructeri
Frisii min.
Batavi
Vahalis
Fosi
Cherusci
Castra Vetera
Lupia
Asciburgium
Menapii
Germaniae
Tungri
Sugambri
Marsi
Tencteri
Colonia Agripp.
(Gambrivii)
Adrana
Rhenus
Ubii
inf.
Usipi
Nervii
Chatti
Condrusi
Paemani
Taunus
Mattiaci
Treveri
Germ. sup.
Augusta Treverorum
Vangiones
Nemetes
Rhenus
Mosella
Moenus
Hermunduri
Naristii
Limes
BELGICA
GALLIA
Argentoratum
Triboci
Abnoba
Agri Decumates
Augusta Vindel.
Vindelici
Raeti
Helvetii

Sithones
Fenni
Aestii
Rugii
Lemovii
Vistula
Gotones
Helvecones
Venethi
Vandilii
Manimi
Helisii
Lugii
Harii
Nahanarvali
Vistula
Marsigni
Bastarnae
Buri
Quadi
Marus
Cotini
Vindobona
Carnuntum
Osi
Jazyges Sarmatae
Daci
Aravisci
Pannonii